高野山信仰と霧島山信仰

薩摩半島域における修験道の受容と展開

森田　清美 著

みやざき文庫155

まえがき

この著では第一に、西州の高野山といわれた薩摩の紫尾山《しびさん》をフィールドに、納骨供養の風習を残し、また石童丸物語を地元の物語として根付かせた高野聖の活躍と、高野聖によってもたらされた日光山信仰を基礎とする現王信仰を中心に述べていきたい。

高野聖は、葬法や年忌供養、墓塔の建立などを勧め、先祖霊や家族や親族などで亡くなった人の霊それぞれの極楽往生を説き理解させた。そのことにより人々に菩提心を高めさせていったことを忘れてはならない。高野聖の活躍は霧島山麓など南九州全域に及んでいたことに注目したい。

第二に、薩摩一の宮といわれた枚聞《ひらきき》神社につづいて後に薩摩一の宮となった神亀山新田《しんきざんにった》神社にまつわる日向《ひゅうが》神話に触れる。同時に金峰山麓にも日向神話が残っていることを含めて述べる。また、冠岳《かんむりたけ》信仰や紫尾山信仰が熊野信仰にも根付いていることについても述べる。

そのことにより、熊野信仰とともに日向神話が南九州に根付き、経済的、文化的、精神的に人々の生活を豊かにし、潤していったということにも触れていきたい。特に、日向神話は薩摩国全域にも及んでいたことを忘れてはならない。

令和六年五月

目次

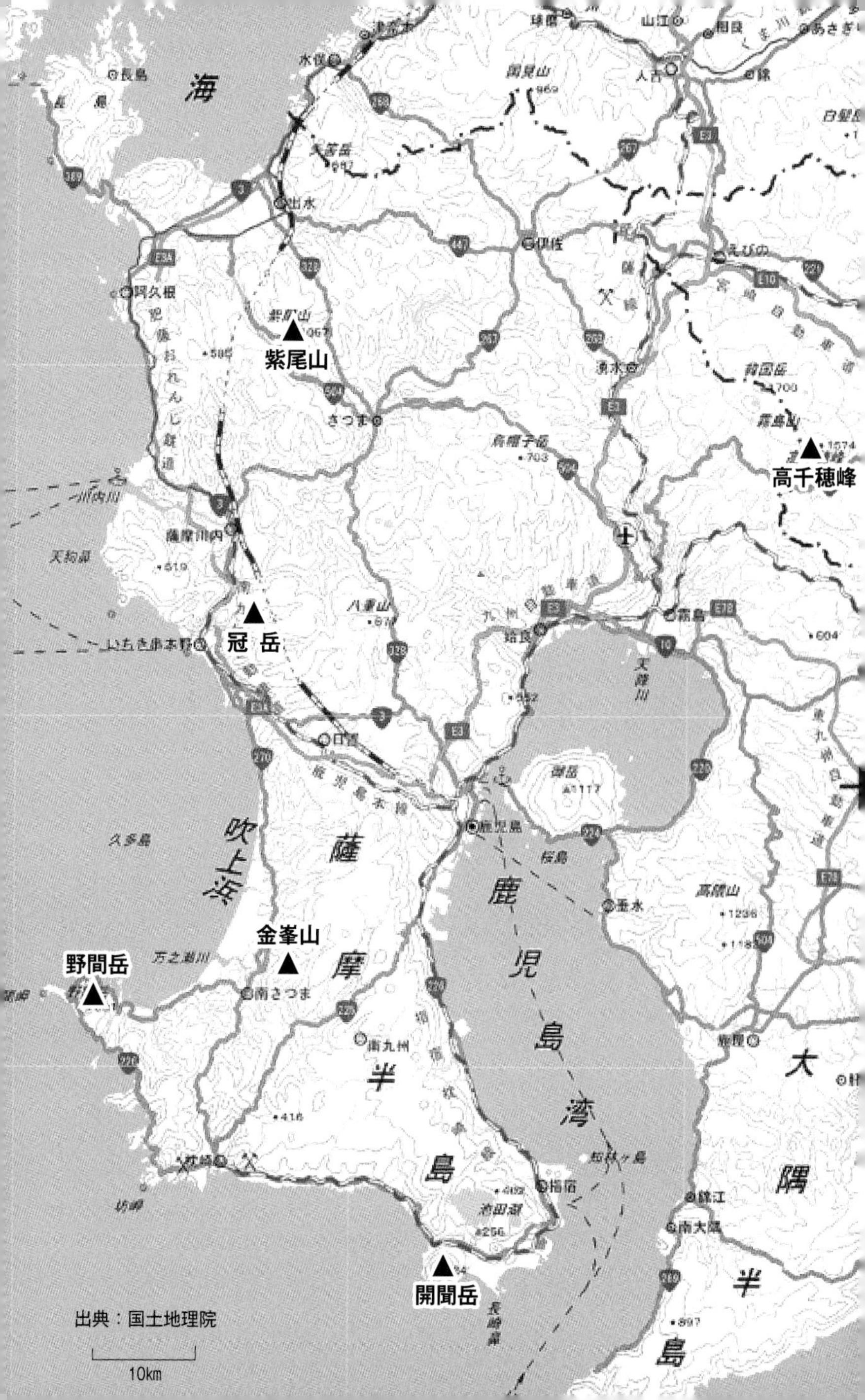
紫尾山
高千穂峰
冠 岳
金峯山
野間岳
開聞岳
海
吹上浜
薩摩半島
鹿児島湾
大隅半島
出水
伊佐
えびの
さつま
薩摩川内
いちき串木野
日置
鹿児島
桜島
霧島
姶良
垂水
南さつま
南九州
枕崎
指宿
鹿屋
錦江
南大隅
長島
阿久根
人吉
水俣
湧水
10km
出典：国土地理院

高野山信仰と霧島山信仰

薩摩半島域における修験道の受容と展開

第一章　西州の高野山

――石童丸物語が何故、紫尾山麓に根付いた？

薩摩郡さつま町の平川方面から見た紫尾山

はじめに

高野山と呼ばれる寺は、西の長崎県五島市の大宝寺や東の青森県つがる市の弘法寺まで全国にあるが、ここでは南九州にある西州の高野山紫尾山を中心に、以下のことをめあてにして述べていく。

1　鹿児島県の北部に聳《そび》える紫尾山は、早くから熊野修験がやってきて修験道場となったが、それと前後して高野聖もやってきて浄土思想を広めたのではないか。

2　高野聖が浄土思想を広めたのは、紫尾山麓の人々に、葬送や年忌供養、墓塔の建立などを進め、先祖霊や死霊の極楽往生の意味を理解させ、菩提心を起こさせるためであったのではないか。

3　石童丸物語の伝承が紫尾山麓に広がり、小学校の郷土の副読本になったりしている。そして伝説の合理化がおこり、人々は、実際にあった史実として信じ込んでいる。このことは2と関連して、墓塔を建てるなどして死霊を丁重に葬り、極楽往生の思想を定着させるためのものではなかったのか。

紫尾神社（旧鶴田町）
紫尾三所権現は西国（西州）の高野山ともいわれた。

1　紫尾山と熊野修験

(1)　紫尾山と紫尾神社

鹿児島県の西北部、熊本県境近くに聳え、偉容を誇る紫尾山は、どこから眺めても美しく、力強い雄姿を見せてくれる。紫尾山は、出水市南部と阿久根市西部、薩摩川内市《せんだいし》北西部にまたがって薩摩郡の境にある出水山地の主峰で、標高一〇六七㍍である。山頂には紫尾神社の上宮《じょうぐう》が鎮座している。頂上からは東に霧島連山、南に薩摩半島、西に天草諸島が一望できる。

空覚塔　紫尾神社境内

紫尾の名は、『三国名勝図会《さんごくめいしょうずえ》』巻之十七「紫尾三所権現廟」の項に、空覚上人《くうかくしょうにん》が修行中、「夢覚《むかく》て紫雲氛氳《しうんふんうん》として上宮より下宮《げぐう》に靉靆《あいけい》し、縷霊瑞《るれいずい》ありしかば、上人、益《ますます》是を奇《き》しみ、法を山中に修して已まず、乃ち此山を紫尾山と名け」たということである。すなわち、空覚上人が夢から覚めてみれば、紫雲が盛んに起こり、上宮より下宮に長くたなびき、霊瑞があったので、上人はますますこれを不思議に思い、法を山中に修めて止まなかった。これにより、この山を紫尾山と名づけた、ということである。

また、同巻同項によれば昔、「一説に、秦《しん》の徐福始皇《じょふくしこう》の命を受て、不死の薬を求し時、初めて冠嶽《かんむりタケ》に至りて、玉冠を留め、又爰に来て、紫の紐《ヒモ》を貽せしより、此山の名となると云へり。」とある。すなわち、一説に昔、秦の徐福が始皇帝の命を受けて、不老不死の薬を求めた時、初め冠岳《かんむりだけ》に至って玉冠を留め、また、ここに来て紫の紐を残したので（あるいは置いたので）、この山が紫尾山と名づけられたということである。

後者の伝説の真偽については様々な議論があるが、ともかく冠岳や紫尾山は古くから中国との交流があったのではないかという興味を沸き立たせる。

祭神は伊弉冊尊《いざなぎのみこと》、事解男《ことさかのお》、速玉男《はやたまのお》三座で、紀州の熊野権現本宮に同じである。

(2) 切り開けどん（殿）――空覚上人と神興寺開山――

紫尾神社（かつての紫尾三所権現廟）には、「キイアケドン（切り開け殿）」として、空覚上人の供養塔が立っている。

この地方では最も古い石塔とされている。空覚上人については、『鶴田再撰方糺帳』（一八二四年 園田・西川・市来三氏による報告書）に「開基人王二十七代（『日本書記』によれば二十六代＝筆者）継体天皇御宇、善記元年壬寅空覚上人」と記されている。善記とは、伊地知季安の『寺社巡詣録』上（二〇〇四）によれば九州年号のことで、西暦は五二二年に相当する。同書には「人王廿七世継体帝善記元年壬寅之歳、三所和光有夢空覚、（以下略）」とある。『祁答院記《けどういんき》』（一七一六～三五年書写）には、「開山空覚聖人　自空覚実卯マテノ間、住世数十代闕《けつ》　此実印（実卯か＝筆者）ハ真言開山ナリ」とある。

『鶴田の文化財』第四集（発行年度不詳）では「善記元年（五二二）とあるが、これは日本への仏教伝来前であり、真言宗以前でもあるので（空海が高野山の熊野大社（熊野本宮大社）を開いたのは弘仁七年〈八一六〉）、五二二年創建ではなく、八一六年以後の創建が史実ではないかと考えられる」と記されている。しかし、開山と真言宗を結びつける必要はない。その理由は、前記したように

『祁答院記』に「実卯ハ真言開山ナリ」とあるからである。真言宗は、実卯（いつ遷化したかは不明）の時からであり、空覚上人より十代後の僧侶からであることが分かる。薩摩藩では、天台宗寺院が真言宗に変わっていくのは、霧島山麓では文明年間（一四六九〜八七）であり、冠岳の頂峯院《ちょうぼういん》では二十四代住職澄久（宗寿）（〜一四九〇）の時である。

確かに、善記元年（五二二）は、公式な仏教伝来の年（五二八年説、五五二年説の二つの説があるが）より前であることは間違いない。しかし、六世紀の初めには渡来人系の子孫の中にすでに仏教が信奉されていたと言われることも考慮しておく必要がある。九州では早くから大陸から仏教が直接、渡来僧によって伝えられたことも考えられるのである。ただし、このことは歴史的に実証することは難しい。

熊野修験の組織が整えられる寛治四年（一〇九〇）以降、熊野修験が活躍し出す頃に空覚上人が紫尾山麓に現れたと考えることが妥当ではないだろうか。同時にあるいは時期をずらして、高野聖が登場してきたと推測される。

(3)「西州の大峯」紫尾山の熊野修験

『三国名勝図会』巻之十七「紫尾三所権現廟」の項に「或は修験の徒、紫尾山を西州の大峯と号し、入峯《にゅうぶ》修練の侶多くして、西州希有の大道場と称せり」と記されている。

また、紫尾山登山口の登尾《のぼりお》には、「尾根の先の神様」と呼ばれる石祠が建っている。銘は「奉

王子一宇大願主　道□（解読不明）山□（同）宝徳三年（一四五二）弐月」と刻まれている。これは明らかに、王子の石祠である。祠の内部には、王子を思わせる絵像が彫られている。また、石堂山の頂上にある石堂どんは、金剛童子を祀ってある。王子や童子は、神が尊い児童の姿で現れるという信仰で、修験者を守護する童子形の神を言う。

尾根の先の石祠（上）と内部の王子像（下）

熊野権現にともなってその地に祀られている例が多い。いちき串木野市の冠岳山麓にも、二つの王子神祠が鎮座している。

ここに、紫尾山は、『三国名勝図会』に示されているように、明らかに熊野修験が根付いていたということが分かる。空覚上人は熊野修験か高野聖や高野山行人方《ぎょうにんがた》僧侶だったことが考えられるのである。『鶴田の文化財』では「鶴田神崎寺創建の時と同じく承元年間（一二〇七～一二一一）と考える」としている、その指摘は妥当だと思われる。しかし、熊野御師《おし》が活躍し出したのは平安中期（九〇〇年ごろ）からだとされており、もう少し時代を遡ってもよいのではないかとも考えられる（熊野御師は熊野参詣者が熊野山内で宿泊や祈禱などの面で世話になった院坊・御祈禱師の略）（宮家準編『修験道辞典』一九八六年　東京堂出版）。

2　石童丸伝承と高野聖

薩摩郡さつま町の旧鶴田町や薩摩川内市の東郷町には、石童丸物語の伝承が残っている。それに因む石塔類や、石堂山と呼ばれる山もある。この伝承や遺跡、地名の存在は何を語っているのだろうか。このことについては、紫尾山麓に早くからやって来た高野山の苅萱堂《かるかやどう》系や蓮華谷系の高野聖や熊野修験、遊行の芸人などが活動して、影響を与えたことが考えられる。特に高野聖たちは、葬送や年忌に携わり、墓塔、石塔の建立を勧めていった。

(1)　伝承に見る石童丸物語 ――「西州の高野山」紫尾山神興寺――

この話は、旧鶴田町に住んでいる古老たちがよく語ってくれるが、『鶴田町史』によくまとめられている。

九州探題であった加藤左衛門尉重氏（繁氏）は、世の無常をはかなみ、妻子を捨てて高野山にこもった。出家して苅萱《かるかや》道心《どうしん》と名を改めた。重氏の幼い息子石童丸は、母と共に西国高野山の麓まで、父を訪ねてやって来た。しかし、西国高野山は女人禁制の山なので、母親一人を玉屋ケ茶屋に残し、石童は登山し奥の院の手前でやっと苅萱道心に会うことができた。しかし苅萱は出家の身であることを深く考え、自分が父であることを名乗らず、その道心は去年の秋この世を去ったと告げる。石童はやむなく山を降り麓の茶屋に帰ってみると、母は持病の「しゃく」(種々の病気によって胸部や腹部におこる激痛の症状)の発作で亡くなっていた。石童は深くこれを悲しみ再び高野山に登り、苅萱道心の弟子となり、仏に仕えたという。(『鶴田町史』一九七九)

以上、伝承として伝わってきたせいか簡略な内容となっている。多分、中世から近世にかけての説教節を基調としているものと思われる。それでは、この伝承について検討していってみよう。第一に、『三国名勝図会』巻之十七には「隣国の人民、紫尾山を西州の高野山と称し(以下略)」とあることから、高野聖がこの話を伝えたものであることが推察される。この伝説に因んで、実際に、玉屋ケ茶屋とか奥の院跡が残っていて、人々は、この伝承は紫尾祁答院神興《しんこう》寺《じ》で行われた史実であると信じ込んでいるのある。ここに伝説合理化の現象が見られるが、奥の院は、現在でも、その跡地が残っている。紫尾神社の手前から西方三〇〇《メートル》ぐらい歩き、なだらかな坂を登った所に寺跡がある。ここは石童丸が父を訪ねてきた所で、大正時代までは寺院の礎石や手水鉢、石童丸が座ったという腰掛石が残っていたという。

石童丸は、神興寺が女人禁制であるので、麓に母を残したのであるが、母が泊まって待っていた玉屋ケ茶屋は現在の郵便局の前にあったと言われている。明治時代の初めまでは、茶屋があり、また庭木も残っていたという。近くの渡瀬橋《わたせばし》はもともと渡ラセン橋と呼ばれていたが、後に渡瀬橋になったという。ここからが女人禁制の境界になっていたといわれる。

神興寺への途中、石童丸は苅萱道心に会うために坂を登って行くが、その坂を無明《むみょう》ケ坂と言う。無明というのは、真理に暗い無知のことで、最も根本的な煩悩である。生老病死などの一切の苦をもたらす根源として十二因縁の第一に数える（『仏教語大辞典』）。石童丸が父に会いたいという願いは煩悩が強かったから、この名がついたと思われる。この坂の名前をつけたのは神興寺の僧侶たちだったのであろう。煩悩を捨てて修行に励む父、苅萱道心と、この世の煩悩一途に父に会いに行く石童丸の気持をよく表した坂の名前である。説経節「せつきやうかるかや」では、紀州高野山の不動坂となっている。

(2) 石塔に見る石童丸物語

紫尾山麓には、石童丸の石堂に因んだ山や石塔類、高野山と関係が深い遺跡が数多く残っている。『三国名勝図会』巻之十七に、西州の高野山として「人民西州の高野山と称し、遺骨髪毛等を山中に納め、（略）七里紫尾山五里墓原云々の俗謡残れり、昔時の巨刹《きょさつ》想像して知るべし、此山遺塔、其製、古雅にして頗る精巧なるものあり、好事の者、遠くからこれを家庭に運致し、以て仮山の尤物《ゆうぶつ》とそ」と記されている。尤物というのは珍奇なもの、または珍しいものの意である。

多くの珍しい石塔類が、神興寺周辺の道路や近くの山々に多いことは昔から知られていることである。銘のあるものがほとんどであるが、無銘のものもかなり残存している。高野聖が遺骨や遺髪を集めてきて、ここに埋めて手厚く供養し、石塔を建てたということが推察される。それらに関するものを具体的に列挙していってみよう。

① 高野山の空海と関係が深い虚空蔵菩薩の石祠

鶴田町の紫尾神社の近く、奥の院跡には、日輪《にちりん》に虚空蔵菩薩《こくぞうぼさつ》と刻まれた石塔が残っている。ここで虚空蔵求聞持法《くもんじほう》を修したことが考えられる。虚空蔵求聞持法は、見聞したことを記憶して忘れないようにするもので、虚空蔵菩薩を本尊とする。空海が密教に心を寄せる機縁となったものである（『仏教語大辞典』）。高野山は、九世紀に空海がこの地に真言宗金剛峯寺《こんごうぶじ》を創建してから、以後、比叡山延暦寺《ひえいざんえんりゃくじ》と並ぶ山岳仏教の中心地となった所である。

奥の院の虚空蔵菩薩塔

空海は、虚空蔵求聞持法を教えられて以来、大学を辞め、阿波《あわ》（阿波国・現徳島県）の大滝嶽、土佐《とさ》（土佐国・現高知県）の室戸《むろと》崎《さき》で求聞持法を修し、吉野（吉野国・現奈良県）の金峰山《きんぷせん》、伊予《いよ》（伊予国・現愛知県）の石槌《いしづち》山などで修行した。それが密教に心を寄せる機縁となった。奥の院というのは、主に寺院の本堂より奥の方や最高所などにあって、霊仏または開山祖師などの霊を祀るところで、特に高野山がよく知られている。西州の高野山といわれた、ここ神興寺《しんこうじ》でも求聞持法が修法されたことがうかがわれる。

伊地知季安の『寺社参詣録』は、季安が薩摩藩の命を受けて文久二年（一八六二）十二月三日より翌三年二月二十日まで、領内寺社の巡検に出かけた時の主要古寺社の由緒、来歴、現状について編述した記録である。その「紫尾三所権現」の項に「社（紫尾山所権現廟の下宮（一説に柏原村の古紫尾だという説もある＝筆者註））南峯建石祠、祀虚空蔵・十羅刹女、是山中求聞持所云々」と記されている。十羅刹女《じゅうらせつにょ》とは法華経《ほけきょう》陀羅尼品《だらにほん》に説く、法華経を守護する鬼神である。虚空蔵菩薩法は、特に当山派系の修験者の間で大地を守る地蔵と対をなす天空の仏法とされていた。浄土思想の隆盛にともない、虚空蔵は極楽、地蔵は地獄の守り神とされたのである（宮家準　一九八五年）。

こうみてくると、石童丸物語と高野山との関係が、明確に浮かび上がってくる。

②　石堂山の石堂どん（殿）

旧鶴田町と出水市の境に石堂山《いしどうざん》がある。そこに石堂どんと呼ばれている石塔が建っている。人々は、石童丸が神興寺に来たことを裏付けるものだと語っており、『鶴田町史』にもそのような記述がある。伝承によれば、これは石童丸の冥福を祈った所だということであるし、苅萱道心《かるかやどうしん》が籠《こ》もったのはこの山ではなかったかとも言われている。石祠は損壊がひどくて解読はかなり困難であるが、『宮之城町史』（二〇〇〇年）を参考にして、紫尾の歴史愛好家と筆者が解読したものを紹介してみよう（解読者　大園美智男・井龍キヌヨ・森田清美）。

石堂どん碑銘（丸印は解読不明）

正面（右）

奉再興為
（不明）金剛童子也巧〇
（不明）呪其功徳衆〇（生ヵ）
（不明）干時文明十九年〇

正面（左）

（不明）雪（不明）
（不明）雨雪如此天地
（不明）是亦
（不明）

左側面

梅木〇核之是又奇特也
干時大旦那平千代松殿下
〇〇代也為坊中者聖衆

石堂どん（殿）

〇〇〇神情旨上達霊聡
〇〇〇（天下太ヵ）平國家安寧専祈
〇〇律師川上坊藝心
身〇（意ヵ）康泰福寿増長四
〇〇木之〇八〇有太

右側面

〇冥〇〇豊穣人民利益
兵卒永息魔変頃消邪迷
省去者〇（也ヵ）
文明拾九年丁未一月三日
作者　孫次郎

※　文明十九年は一四八七年

この碑文の解読は難解であるが、おおよそ分かることは次のようなことである。

① 正面に「金剛童子《こんごうどうじ》」の銘が見られるが、これは金剛童子法によって祈願・祈禱《きとう》を行ったことを示す。金剛童子法は、密教や修験道で、金剛蔵王権現《こんごうざおうごんげん》の眷属《けんぞく》（親類・師弟の間にあって互いに相従順するもの）である金剛童子を本尊として供養《くよう》する修法である。そこで除災や延命を祈るのである。この碑銘《ひめい》からは、衆生《しゅじょう》の功徳《くどく》を祈ったことは確かである。宮家準は「熊野は、現当の利益《りやく》を

与える神であると同時に託宣《たくせん》の神として広く知られていた。（略）こうした時に巫女に憑依《ひょうい》して参詣者に託宣《たくせん》（神のお告げ）するのは、童子の類が多かったといわれている。ここからも、神の意志の仲介者としての童子や護法《ごほう》（仏法を守る善神）の重要性が注目される」（宮家準　一九八五年）と説いている。三井寺に伝わる「金剛童子法」は十方に金剛童子がいる熊野で盛んに行われた。熊野の修験道では、王子や童子が重要視された。ここには、高野山というより熊野修験の影響が強く出ている。

②　左側面に「大旦那千代松殿《だいだんなちよまつ》」の銘がある。この石祠は、正面の「奉再興為」とあることから分かるように、従来この地にあった石堂が損傷していたので再興した際に建てられたものであるが、その再興の中心人物の名であろう。

それでは、大旦那千代松殿とは如何なる人物であろうか。これについては『旧記雑録　前編二巻三八』に「平千代松丸か事徳重嫡子たりし上」と記されている。そうすると渋谷《しぶや》氏第十代重慶（重度といった）ということになる。

文明十六年（一四八六）十月二十六日に、薩摩、大隅、日向の三国内が島津家第十一代忠昌方と反忠昌方に分かれて大混乱となった。この時、祁答院十代重慶、北原立兼、入来院重豊、東郷重理、吉田泰清、菱刈道秀などは反忠昌方に与した。渋谷一族のうち高城氏嫡流家《たきちゃくりゅう》は零落していたが、祁答院、東郷、入来院の三家の結束は強く、しかも勢いは強大になりつつあった。その中心的指導者が重慶であった。しかし、文明十七年には東郷、入来院氏は祁答院氏と袂《たもと》を分け、太《たい》守《しゅ》忠昌方についた。この石祠を作った文明十九年の頃は、重慶が反島津氏に対して孤軍奮闘していた時である。

なお、重慶は信仰心が強かったようで、『入来文書』（一九二六年）所収の興全寺《こうぜんじ》への寄進状によれば、明応四年（一四九五）九月十八日に薩州祁答院佐志村田原門柳田本田一反を観音に寄進している。『祁答院記』にも「出水往還《おうかん》花牟礼堂ノ石者文明年中之寄進也　大旦那千代松トアリ同所里塚者貞和年中寄進也」とある。

③　同左側面に、「○○師川上坊藝心《げいしん》」の銘がある。川上坊というのは、神興寺にあった十二坊の一つで、藝心はその坊の住職ということになる。神興寺がこの時代に天台宗だったのか、真言宗に変わっていたのかは分からない。薩摩では、この頃に天台宗から真言宗に変わった寺が多い。藝心が修験者だとしたら、天台宗本山派の僧官「権律師《ごんりっし》」「律師」「大律師」が考えられる。真言宗だったとしたら、大法師、権律師、律師となる。川上坊藝心は、広い意味の修験者だったといえよう。

結局、この石堂どんは、文明十九年（一四八七）に川上坊藝心が、祁答院家のために国家安寧《あんねい》や身体の健康、福寿増長、人民安楽、魔変《まへん》除去を祈願・祈禱して建てた碑であることが分かる。

この時、再興したのであるから、元々、ここには金剛童子を祀ってあったことが考えられる。

その昔、高野聖が建てたものかもしれないが、確証はない。むしろ、熊野修験が関わっていると理解した方が妥当であろう。しかし、地元の人々が石童丸に因んだ名称であると言い伝えていたことは無視できない。今一度検証の必要がある。

④　奥之院の創設時期　石童丸は苅萱道心に奥之院で会ったということである。しかし、奥之院は、快善により、不動谷に作られたことになっている。彼は、貞享三年（一六八六）に神照寺を辞めて神興寺の住職となった。そうすると、石童丸物語が紫尾山麓に伝わってきたのは貞享三年（一六八六）以降ということになる。しかし、このことについてはもっと厳密に検証していく必要がある。

(3)　女人禁制と石童丸

次に女人禁制について考えてみよう。

前記の石童丸物語によると、女人禁制である西州高野山のため、石童丸は母親一人を玉屋ケ茶屋に残した。そして登山し奥之院の手前でやっと苅萱道心に会うことができた。前述のように、奥之院は紫尾神社の手前から西の方に三〇〇メートルぐらい行った所にあった。石童丸が母を残した井手原の玉屋ケ茶屋は現在の郵便局の前にあったということである。また、渡瀬橋が夜星川《やぼしがわ》にかかっている。橋を渡った所には、応永十二年（一四〇五）の銘がある大日如来石像（一説に虚空蔵菩薩像）が立っている。ここが女人禁制の境界になっていたという。

渡瀬橋から奥之院まで約二・五キロメートル、渡瀬橋付近の標高を約七〇〇メートルとしたら、神興寺付近は八〇〇メートル、奥之院は約一〇〇〇メートル。石童丸は標高差三〇〇メートルぐらいしか登らなかったことになる。とても登山とは言えない。和歌山県の高野山は標高八〇〇《メートル》、高野口を標高八〇《メートル》とすると、七二〇《メートル》余登山したことになる。紀州高野山の石童丸物語をここ紫尾山に付会することにはかなり無理がある。石童丸は広く険しい高野山の中をやみくもに登った（説経節「せっきょうかるかや」）のである。

紀州高野山の金剛峯寺は「内院に女人を禁ずる事」となっている。ここ西州高野山ではどうであったのであろうか。紫尾山神興寺跡から北東の方向に、川を渡って小高い丘に登って行くと徳《とく》寿庵《じゅあん》跡の石塔群がある。徳寿庵は尼寺であったと伝えられている。『鶴田の文化財』第四集には「尼寺があるということは女性も来て良かったということになり、石童丸伝説の女性入山禁止はあてはまらない」と記されている。しかし、神興寺から尼寺である徳寿庵に行くには夜星川の小支流である小川を渡って行かなければならない。川や橋は、異界との境界であり、厳然たる区別があったはずである。尼寺の女人たちは、神興寺の境内にも入れないし、紫尾山への登山もここ小川までであったことが推測される。となると、紫尾登山は女人禁制であったことになる。

ここでは、女性そのものを排除して祭場・社寺・山岳といった空間に恒常的に立ち入りを禁止する永続的な女人禁制の考え方（鈴木正崇　二〇〇〇年）の一つが生きていたのである。さらに、この刈萱道心の物語はフィクションで、高野山の女人禁制を巧みに織り込んだ発心談《ほっしんだん》であった（五来重「刈萱堂」一九九一年）。発心というのは菩提心を起こす意で、発菩提心ともいう。

(4) 紫尾山麓の石童丸物語が伝えること

薩摩郡さつま町鶴田には、石童丸の話が語り伝えられている。紫尾三所権現の別当寺紫尾山祁答院神興寺《しんこうじ》あるいはそれに伴う神域は、かつて女人禁制であったという。

九州探題《たんだい》であった加藤左衛門尉重氏（繁氏）という人は、世の無常をはかなく思い、妻と子どもを捨てて西国高野山にこもった。そこで出家して苅萱道心《かるかやどうしん》と名をあらためた。重氏の幼い息子である石童丸《いしどうまる》は、母とともに、父を訪ねて西国高野山の麓までやってきた。しかし、西国高野山は女人禁制《にょにんきんせい》の山なので、母親一人を玉屋《たまや》が茶屋に残し、石童丸は山に登って行った。やっと高野山奥の院手前まで登ってきて、苅萱道心に逢《あ》うことができた。しかし苅萱は自分が出家《しゅっけ》の身であることを深く考え、自分が父であることを名乗らないで、あなたが訪ねてきた道心は去年の秋この世を去ったと告げた。そこで石童丸はやむなく山を降り麓の茶屋に帰った。しかし母は持病の体に痛みの出る「しゃく」の発作で亡くなっていた。石童丸は深くこれを悲しみ、再び高野山に登り、苅萱道心の弟子となり、仏に仕えたという（『鶴田町史』一九七九年）。

紀州高野山に対し紫尾は西州の高野山といわれていた。紫尾神社の手前から西の方約三〇〇《メートル》ぐらいのところに奥の院という寺の跡がある。この奥の院が石童丸が父を訪ねてきたところで、大正のころまでは寺院の礎石や手水鉢が残っていたという。石童丸が母を残した玉屋ケ茶屋は、元の郵便局前であったと言われている。また近くの渡瀬橋はもともと渡ラセン橋と呼ばれていたが、後に渡らせ橋になったもので、ここからが女人禁制の境界になっていたという。

奥の院の入口には石童丸の腰掛石《こしかけいし》も残っており、また柊野《くきの》と出水の境界に石堂山があり、ここ

石童丸の腰掛石　奥の院の入り口にある。

にある石祠を石堂どんと呼んでいる。

石童丸は説教「苅萱」に出てくる幼い主人公の名である。この原話は、中世の高野山の蓮華谷や往生院あたりの苅萱堂に住む高野聖の間に生まれたものである。これが後に謡曲の「苅萱」と説教に分かれて展開されていった。説教「苅萱」は、筑紫六カ国の所領と家族を捨てて、東山国谷から高野山へ逃れた苅萱を追ってきた御台所《みだいどころ》と石童丸が、還俗《げんぞく》を迫る話である。御台所と姉の千代鶴姫は死に、石童丸は父と対面しながらも、本当の父とは知らないで別れてしまい、高野山と善光寺で別々に往生《おうじょう》するところで、この物語は終わる。

これは石童の名が石堂、石御堂、石塔と言った全国の地名に多いところから、石堂を路傍《ろぼう》に立ててある辻堂《つじどう》（石堂）を拠り所としてきた高野聖《こうやひじり》に関する名である。ここ紫尾に伝わる石童丸の伝説は、紫尾の地にちなみ、内容が幾分変形したものとして伝わっている。

さて渡瀬橋から奥の院跡までの距離は約二・五キロメートル、渡瀬橋付近の標高を約七〇メートルとしたら、神興寺付近は標高八〇メートル、奥之院は、標高約一〇〇メートル。標高差三〇メートル。和歌山県の高野山は標高一

『悲史　千里御前《ちさとごぜん》と石童丸』
（『観音寺苅萱堂』1933年）

○○○《メートル》、高野口を標高八○《メートル》とすると、標高差九○○《メートル》あまり。紀州高野山の石童丸物語をここ紫尾の話につなぎあわせるのは、かなり無理が出てくる。しかし、この物語が語られていることに関連して、地名として石堂山や石堂殿の石祠が残っているということは、高野聖が、かなり以前から、頻繁にこの地で活躍していたことが推定できる。

『三国名勝図会《さんごくめいしょうずえ》』には、紫尾を西州の高野山と称し、遺骨や髪の毛などを山中に納めていたことが記されている。紫尾には、神興寺跡の古石塔群も含めて付近の山中には石塔が多数残されている。そうすると、それは、高野聖が、仏教説話である石童丸物語で真言宗や浄土宗、時宗を説きながら、この紫尾に持ってきて遺骨を供養して埋めたことが考えられる。その遺骨の埋葬や供養の大切さを教えるために石童物語が紫尾山麓で高野聖によって語り伝えられ、伝説化されたのであろう。地元の鶴田の各小学校では、かつて石童丸物語が副読本になったり、郷土史家たちが小学生に話をしたりしている。子どもたちは先祖供養の大切さを学ぶのである。

3　薩摩川内市東郷町に残る石堂丸物語

(1)　石堂集落と石堂家

薩摩川内市東郷町斧淵《おのぶち》石堂には、石堂丸という人が落ちてきて、ここに住みつき氏神、現王神社を勧請《かんじょう》したと伝えられている。現王神社は、狩猟の神現王を祭ってある神社。現王は、弓術の名人で猪や鹿を獲る神様であった。紫尾山麓で人々に信仰され、敬われている神様である（森田清美「紫尾山麓の現王信仰と日光修験」二〇一四年《『千台第42号掲載』》）。その子孫の姓は石堂で、農民ではあるが御殿《ごてん》言葉を使用し、卑賤な言葉は用いないことを家伝としている。石堂集落には、石堂殿という石塔群がある。石塔の一つに「道行《どうぎょう》」という銘がある。道行というのは、仏道修行に励むこと、またはその人のことである（『仏教語大辞典』）。石堂丸の物語を語り、葬送儀礼の大切さを説いて回る高野聖がここに住みついたことが考えられる。石堂家はその子孫であ

『家庭お伽　石童丸』
（榎本書店刊 大正８年）

ろう。なお、この地域では「石堂」が使われているが、以下では「石童」と一般的呼称にする。

また、石堂家では、地蔵堂を管理し、花香をとり、供養しているが、そこには三体の木像が鎮座している。地蔵堂は、地元の民俗信仰として、「チチンカンサア（乳の神様）」、オッパイの神、目の神といわれ、乳の出ない人、目の不自由な人々が訪れるというしきたりがある。長野県の往生寺と西光寺には苅萱道心と石童丸が彫った親子地蔵がある。それに因んで、地蔵堂が作られたのではないだろうか。石堂家の先祖は、寺僧であったと伝えられている。

(2) 東郷人形浄瑠璃と石童丸物語

薩摩川内市東郷町の南瀬《のうぜ》と斧渕《おのぶち》には、昔から人形踊りが伝わっていた。南瀬の人形踊りは元禄の頃、四国の人形浄瑠璃の旅の一族がこの地に巡業にやってきて帰国の旅費に困り、人形とその技術を抵当にして帰った。それ以来、人形踊りは、南瀬の人々によって昭和初期まで受け継がれてきたという。その他、島津氏の随行役をしていた東郷武士が、郷里の子弟の志気を振るうため上方《かみがた》（京都・大坂地方）から文弥節《ぶんやぶし》の師匠を連れ帰って広めたという説。二つめは寛文十年（一六七〇）頃、江戸から連れ帰ったともいわれる。三つめに、南瀬の人形踊りを習い、前よりもやや小さい上等の人形を作り踊り伝えているともいう。

文弥節は、近松門左衛門の作を岡本文弥が浄瑠璃にし、人形浄瑠璃に作り替えたものと伝えられている。元禄年間に文楽と並んで日本全国に流行したが、明治以後は衰えた。明治時代までは、

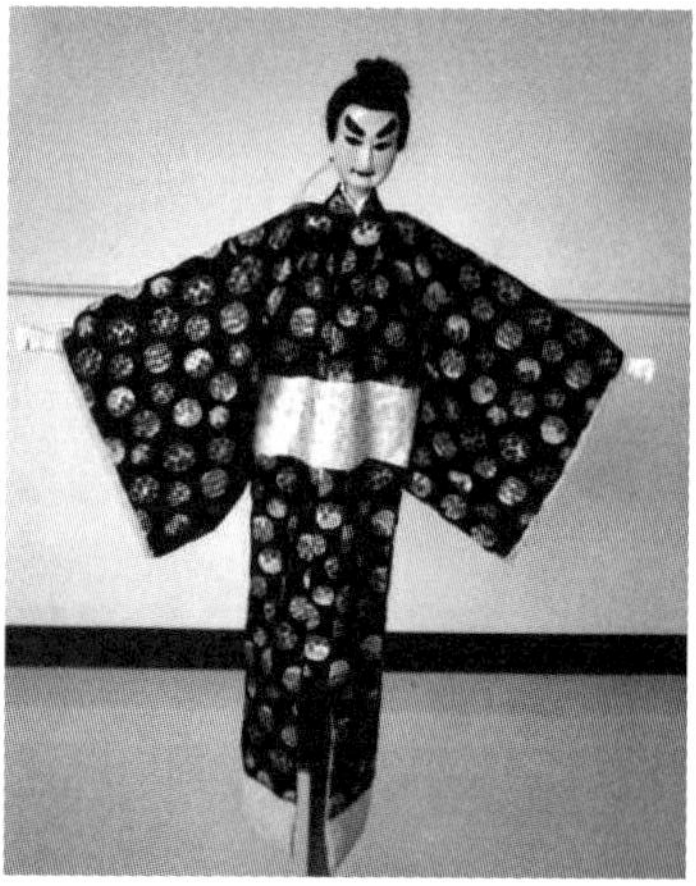

石童丸人形
（薩摩川内市東郷町公民館）

南瀬と薩摩川内市高城町にもあったが、その後なくなり、今は東郷町斧淵に残っている

東郷文弥節人形浄瑠璃は、語り太夫、三味線、小太鼓、拍子木各一人と、人形遣いは演目によって違うが四～五名の十名程度で演じられる。文楽では一つの人形を三人で扱うが、斧淵のものは男の人形は一人で扱い、女の人形は二人で扱うので、使い手が踊らないと人形も踊らない。昔から「人形おどい」といわれていたほど踊りが大きく、なかでも「かかり」または「だんぎ」といわれる太鼓や三味線にはずみをつけて、足拍子をとりながら人形とともに大きく踊るところがあるが、これは独自の古浄瑠璃のよさだといわれている（『東郷　文弥節人形浄瑠璃』二〇〇八年　薩摩川内市教育委員会』）。

演目の中に「石童丸」がある。江戸時代に、浄瑠璃と並んで人形劇となった説経には多くの正本が残っているが、元禄頃の浄瑠璃本は現存しない。東郷町（薩摩川内市）に残っている正本は石童丸が高野山で父と対面するクライマックスの場であるが、説経本文を省略改編したものとなっている。古老の話によると東郷町で上演したことは、今のところ確認できない。

東郷町に伝承された演目をみると『苅萱』を除いていずれも山本角太夫の語り物であり、現存する正本にも角太夫系の節付けが残っている。山本角太夫は、井藤出羽掾系の太夫であり、岡本文弥とは同門にあたる。角太夫は元禄十三年に没したとされているが、それ以後も出羽座系、中でも初代岡本文弥の系譜を引く文弥系の語り手たちによって語り継がれてきたとされる。そうした意味でも東郷町の浄瑠璃が「文弥節浄瑠璃」と称されてきたことは、十分根拠のあることと考えられる（『東郷町文弥節人形浄瑠璃調査報告書』二〇〇二年）。

次に東郷町に残っていた正本の写しを紹介しよう。「昭和二十九年三月十七日に写す　長倉孝夫」とある。昭和二十八年には鹿児島県無形文化財として選定を受けており、この段階で、長倉孝夫という人が正本を写したものと思われる。

①　写本「石童丸」

さてもそのころ――

月に叢雲《むらくも》（群がり立つ雲）、花に風散りて、果敢な世の習ひ、さても筑前筑後肥前肥後、大隅薩摩の六カ国、探題《たんだい》守護《しゅご》を司《つかさ》どる、加藤左エ門重氏ハ、娑婆の無情を感つゝ、故郷に妻子を残し置き、諸国修行に出で給ふ。げに（まことに）光陰ハ矢の如し、十年あまりも過ぎて後、石童十四の春の頃、父ハ高野におはすると、風の便りに聞しより、母諸共に立ち出でゝ、なれぬ旅路もいとなく頓《とめ》て紀州に着にける。爰に礼（霊）場高野山、弘法大師のいましめに、女人の登山ハ禁制なり。されバ石童本意なくも、母を麓に残しおき、東雲《しののめ》（東の空がわずかに明るくなる頃）鳥ともろ共に、枝も力に登り行く。鳥も通はぬ屏風岩、善悪二ツの分け柳、三鈷《さんこ》（密教用具の一つ。ここでは両端が三叉に分かれており、とがった爪のある松の枝に例えたもの）の松に五鈷の杉、通り過ぐれバ岸薬師、無の橋にかゝる時、苅萱道心重氏ハ、其の日ハ大師の花の役、右に花籠《はなかご》左に数珠、光明真言唱へつゝ、御山を降り給ふ時、石童丸ハ登り坂、互に親とも我子とも、知らねバ側に立よりて、見上げ見下す顔と顔、二人の袖のもつれあふ、血筋の因縁是非もなし。其時、石童、苅萱の衣の袖に取りすがり、お尋ね申す御僧様、此の御山にて我父の、今道心となられしを、御存じあらバ、お情ニ何卒教へて給はれと、聞て苅萱いぶかりつ、見れば幼なき一人旅、御身の尋ぬる父上は、国ハ何こぞ名ハ何と、問はれて石堂（石童）涙ぐみ、国は筑前博多にて、探題守護を司る、加藤左エ門重氏と、名のれバ苅萱おどろき、持たる花かご取落し、さては我が子かなつかしやと、言はんとせしがまてしばし、ミ山の法ハ破るられず、自ら心をはげませど、おん愛の涙せきあえず、露か雫か石童の、顔にかゝりてぬれければ、幼ふ心にあやしみて、嘆かせ給ふは何故ぞ。若し父上にてハおはさずや、父上ならば片時も、早く名のりて下されと、言われて苅萱道心は、おつる涙をふり払ひ、我は父にあらねども、御尋ねありし其の人ハ、多くミでしの其の中に、兄よ弟とむつみしが、去年の秋の末つ方、空しくなりしふびんさよ、海山超てはるばると、尋ね来ませし甲斐なき、其の心根を思ひやり、覚ず涙を浮べしと。聞て石童驚きて、わッと許りに泣き沈み、そは誠にて候か御僧よ、定めて御墓のおはずらん、哀れ御慈悲に其墓を、教えなされて給はれと。教へば苅萱是非なくも、石童丸の手を取りて、其の頃立てし新しき、石碑の前につれて行きて、是ぞそなたの父上の、果敢なくなりし印ぞと。見るより石童よろこび伏し、のふ情けなの此の有様と、とこふ涙に暮れにける。やがて取り出す麻衣、こは姉君が父上に、逢ふ事あらば進ぜよと、携へくるしも仇となり、逢ふよしもなき悲しさよ、麓にまします母上の、此の由聞かせ給ひならば、さぞや嘆かせ給ふらん。不便の者と思召し、石童尋ね来たかよと、たった一と言聞せてと、甲斐なきお墓ニ寄りすがり、前後も知らず泣きければ、後に立ちし苅萱も、堪へシ胸のため涙、思はずワッと聲を上げ、共に涙に暮れにける。斯くては果てじ（こうしていてはきりがない）と苅萱ハ、石童丸ニ打向ひ、嘆き給ふは理なれど、涙ハ佛の為ならず、早く麓に下り行き、母へ孝行書（尽の間違いか＝筆者）されよと、さとし給へは石童丸、涙ながらに立ち上り、振り返り見つゝ泣く泣くも、枝にすがりて下り行く。幼な心を察しやり、後より見送る苅萱の、心の中ハ千萬無量《せんまんむりょう》（はかり知れないほど多いこと）、思ひやるだに（思いやるだけでも）哀れなり。

（薩摩川内市東郷町教育委員会提供　カッコ内は筆者）

②　この物語の解釈・意味について

小林健二の説　道心は決して無情のひとではない、彼はいつも心を鬼にして妻子を拒否するが、それは本心ではない。自分の妻子への愛情を絶ちえないことをよく知っていて、いつ崩れるか分からない弱い自分を懸命にむち打つのである。来世で、一家団欒の幸せを得るという結末で、道心の現世の行為が是認される（室木弥太郎校註『説教集』二〇一七年　新潮社）。

三野恵の説　この物語が他と異なるのは、親子でありながら名乗ることのできない苅萱・石童丸の関係にある。父と子が親子としてではなく仏道の子弟としてともにあることで、強調されるのは、現世での愛情の否定ではなく、むしろ親子の縁の深さである。説経節は中世末期から近世にかけて盛んになった語り芸である。僧侶が仏教の教理を説くのとは異なり、各地を遍歴した芸能民によって広められていった（三野恵『苅萱道心と石童丸のゆくえ』二〇〇九年　新典社選書）。

どの説も真意を得た適切なもので、教示を受けるところが大きい。親子は仏道の子弟としてともにあり、親子の縁を絶ち得ないところに、この石童丸の語りの深さがあるのである。このような考えにより、江戸時代になると、説教節は、浄瑠璃や人形浄瑠璃にも影響を与えたと言えよう。

なお、「石童」の名についてであるが、石童が石堂、石御堂、石塔といって地名としても全国に多いところから考えると、石堂（辻堂）を拠点とする聖に関係する名で、死者の埋葬を営む聖との深い交渉の中から生じたものであろう（岩崎武夫　一九九七年〈『世界宗教大事典』平凡社〉）。

(3)　東郷人形浄瑠璃の石童丸物語は、何故、地元で演じられなかったか

石童丸物語は、近世の初めに旧鶴田町では史実として小学校の教材として教えられていた。鶴田町の人々は、その話が史実であったと信じ、その根拠は地元に石堂山があり石堂どんと呼ばれる石塔が建っていることなど石堂丸に因む旧跡が残っていることである。薩摩川内市東郷町には、石堂丸（石童丸）の子孫だという家が残っている。そこにも石塔群がある。

近世、特に元禄時代以降になって、石童丸物語は、人形浄瑠璃の旅の芸人達によって伝えられていった。石童丸物語が一度も演じられていないという古老の話には、史実として問題点はある

が、ただ、全国的に広く知られている石童物語が東郷町で演じられたにしても、演じるという熱情は湧かなかったということではなかろうか。

その理由の第一は、地元の東郷町では伝説の合理化が起こっていたこと。即ち、伝説を地元の地名や家系と結び付け、本当にあったことのように考える、むしろ誇りさえ感じている。歴史的には、石童丸の伝説は江戸時代初期に定着しているが、東郷文弥節人形浄瑠璃が伝わったのは元禄時代である。芸能として伝わった石童丸物語には興味をあまり示さなかったのであろうか。

第二は、第一と関連するが、石童丸が紀州高野山で出会うクライマックスの部分が地元東郷町の伝説とは異なり、あまり現実味を感じなかったのではないか。しかし、石童丸の人形自体は、かつては道の駅「ゆったり館」、現在は東郷町公民館に飾られているように、地元の伝説と重なるところがあり、人々には愛され、親しみを持たれていることは事実である。東郷人形浄瑠璃の演目では「常盤御前《ときわごぜん》」とか「雪の段」などが人気があったために「石童丸」は後回しにされた可能性もある。

以上は仮説であって、今後、研究を進めていきたい。

まとめ

以上、紫尾山と修験について石童物語を中心にして述べてきたが、まとめとして次のことが考える。

1　紫尾山や紫尾山麓には早くから熊野修験がやってきていたことが、上宮王子や金剛童子の石祠から分かる。

2　紫尾山祁答院神興寺の住僧たちが修験であったのかどうかは、免許状や寺社文書が残っていないので分からない。しかし、墓碑銘に記された僧官や僧位などから考察して、広い意味の修験であったことが考えられる。

3　紫尾山神興寺跡周辺は、石童物語が簡略化されてはいるが、物語が合理化されて、あたかも史実のように語られ、人々がそれを信じているのが特色である。

4　元々は、紫尾山祁答院神興寺の僧侶や修験者、紫尾山三所権現廟の神官達によって語り伝えられた寺社縁起であったことが考えられる。

5　それを伝えたのは、高野山の萱堂聖や蓮花谷聖である。仏教の無常観や、愛別離苦、父子相迎、利他行の教理を教え、浄土思想を説いた。人が亡くなったら極楽浄土に送るために葬送を手厚くし、年忌供養と墓塔の建立をしなければならないことを教えていった。人々は、この物語に接し、無常観を感じ、父子相迎の思想を汲み取って信心深くなり、死者を丁重に葬むるようになったことが考えらる。

6　伝説や『鶴田町史』では、出水境に石堂山があり、その頂上に石堂ドン（殿）を祀ってあるのも、石童丸がやってきた証拠だということである。しかし、文明十九年（一四八七）の石祠再興の銘を見る限り、直接、高野聖とは繋がらないが、それ以前に建てられていたのは、高野聖が関わっていたのかも知れない。それよりも、むしろ熊野修験との関わりが大きいと考えたほうがよいのではないだろうか。神興寺の僧侶や修験者たちが、石童丸の話を寺の縁起にし、墓石塔の建立を勧めていったことが考えられる。

7　旧東郷町には、石童丸の子孫といわれる石堂集落に石堂家一族が住んでいる。石堂どん（殿）の石碑は、かつて葬送・年忌に携わったであろう高野聖の存在を髣髴《ほうふつ》とさせる。

8　いずれにしても、紫尾山麓の一つであるさつま町は、古くから熊野の修験が伝わり、高野山信仰も盛んになっていたことが推定できる。当時の領主をはじめ、領民たちも、亡くなった人の埋葬を丁重に行い、墓石を立てていつまでも供養してやる。それが、祖霊となって自分たちを守ってくれると信じていたことは間違いない。

鶴田町に伝わる「石童丸物語」と東郷町に伝わる人形浄瑠璃の「石童丸」は、説経節を原型とするものである。『三国名勝図会』によると紫尾山は西州の高野山と記されているが、鶴田町から宮之城町（現薩摩郡薩摩町）、東郷町（現薩摩川内市　渋谷一族）領の紫尾山麓には高野聖が訪れ、埋葬に携わっていたことが推測される。高野聖は、仏教説話である石童物語の説経で浄土宗や時宗を説きながら、遺骨や爪、毛髪などを紫尾山麓に埋葬していたことが考えられる。そして例えば、東郷町の石堂家のように、その地に定着した人もいたのである。彼らが埋葬や祭祀に携わった所が石堂山であり、石堂どん（殿）であった。

付け加えておきたいが、このように、南九州の大峰紫尾山麓の紫尾神社信仰を中心とする地域に、石童丸物語やその遺跡、また、高野聖西行が伝えたとされる地域に現王神社が祀られている。『三国名勝図会』の記事は、単なる伝承ではなく、高野聖が広く唱道していたということを史実として捉えることが可能である。さらにこの紫尾山麓の文化は非常に貴重なもので後世に強く伝えていかなければならないと筆者は主張したい。筆者が、これまで著してきた『神々の宿る霧島山』、『島津氏と霧島修験』に示される霧島山の文化に勝るとも劣らないものと思う。

ちょっと遠回り

さつま川内市東郷町に残されている製本の写しでも、父との出会いの場面が、クライマックスで迫力ある表現がなされている。さて人形浄瑠璃ではないが、現代文で表現された苅萱道心の家族への愛情を断ち切れない迫力ある哀話を、笹川臨風『南嶺哀話　悟道の跡』（昭和三年刊）の「父との邂逅」を読み解いていってみたい。

（カッコ内は著者註）

父との邂逅《かいこう》（抜粋）

僧は光明真言《こうみょうしんごん》（密教で唱える呪文の一つ）を口にしながら、花桶を提《さ》げていた。年齢は四十に程近いと見える。石童丸は、なんだかとても懐かしいような気がしてならなかった。僧の方でも、自分をじっと見つめる石童丸を眺めて、行き過ぎかねた様子であった。

石童丸はつかつかとそばに歩み寄った。

「ちょっとおたずね申します」

「ああ、なんぞ用ですか。旅の少年よ」

僧の言葉は穏やかで、気品を感じさせる声であった。

「この山に今道心（仏道修行をする人）がおいでなさるなら教えて下さいまし」

僧はにっこり笑って言った。

「昨日剃《そ》った（剃髪《ていはつ》の意）も今《いま》道心、一昨日も剃った今道心、五年十年なりとも今道心。今道心だけではそりゃ難しい。名は何と言う」

「名は存じません」

「はて、それは困ったことだ。僧の数は多い。名を知らないではたずねることは難しい。それなら顔を知ってるであろう」

「それも存じませぬ」

「名も知らず、顔も知らず、それではしょせんたずねることはできぬ。またそのたずねる人はあなたのゆかりの人ですか」

「父上でございます」

「あなたは、父の顔を知らないのか」

「母が父に別れてから、私を生んだのでございます」

僧は、目の前の少年が急に気の毒に思えた。そこで子細を知ろうという気持ちが湧いた。

「おう、それには事情がございましょう。あなたの生国は」

「筑前の国苅萱でございます」

それを聞いた僧は、

「えっ」

と思わず声が出そうになるほど驚いた。じつは、この僧の生国も筑前の国苅萱であった。

「……して、またその父の俗の名はなんと言う」

「博多の守護職、加藤左衛門繁氏」

「母の名は」

「千里」

「して、あなたの名は」

「石童丸と申します」

石童丸が返答していくと、みるみるうちに苅萱道心の顔に苦悶《くもん》の色があらわれてきた。石童丸は、これを不思議に思ってたずねた。

「もしや、父をご存知で」

「うう」

苅萱道心は短くうなった。石童丸は、眼前の僧が困ったような顔をしているのは、自分の父親の行方を知っているからだと独り合点した。

「父はどこにおりますか、さあ早く聞かせて下さいまし」

石童丸は、嬉しそうに苅萱道心をせき立てた。彼は、「自分の再度の登山は無駄ではなかった、この人によって父のありかが分かった。帰って母に知らせることができる」と心の中で快哉を叫んだ。石童丸の喜びに引き換え、苅萱道心の苦しみは、その胸中に泉のように湧き出て、制そうにも制しきれないほどであった。苅萱道心は、「ああ、我が子であったのか。無事によく育ってくれた」と、思うさま石童丸をだきしめることができたら、どれほど自分も慰められることだと思った。足は二歩、三歩と石童丸の方へ歩み寄る。しかし唇を噛み締め、彼は後《あと》ずさりした。花桶を提げた手も、数珠を持った手も、思わずわなわなと震えた。賢い石童丸はこの体《てい》をみて、いぶかしく思った。石童丸は、つと苅萱道心の袖を掴み、

「……父上。父上ではございませんか」

と鋭くたずねた。苅萱道心は、はっと我に返った。その袖を引き離すと同時に、

「めっそうもない。私はあかの他人だ」

と言い放った。石童丸は恨めしそうに苅萱道心の顔を見つめた。苅萱道心は天を仰いで言葉を続けた。

「ああ、気の毒なことよ。私はあなたのたずねる、その加藤繁氏をよく知っておる。同じ一つの庵に寝起きしていた間柄だったのだ。その人に愛しい女の千里というのがあることも知っておる。ただし稚《ち》児《ご》のあることは聞かなかった。石童丸というのは、繁氏入道の幼名と聞いておるから、その稚児のあなたに、父の幼名をつけたたと見える。繁氏入道は叡山にいたが、この高野山に籠もって、私と一つの庵で修行しておった。出離《しゅつり》（出家すること）の道も十分に心得てござったから、あなたがたずねて来ても合いはしなかったろうし、母君に会うこともなかったであろう。しかし、驚いてはいけませんぞ、その入道は、もうこの世の人ではない。亡くなってから二月《ふたつき》ほどになりますわい」

心を鬼にした苅萱道心は、すげなく言ってのけた。これを聞いた石童丸は倒れんばかりに驚き、頭がクラクラとして、思わず地面に手をついた。

「ああこれ、しっかりなさい」

苅萱道心は、石童丸の身を抱えるようにして彼にたずねた。

「あなたは一人でこのお山にまいったのか。母君はどうなされた」

「母は、麓の学文路《かむろ》で待っております。私はこの間から、二度、お山に登りまして、父上をおたずね申しているのでございます」

「おお健気なこと、孝心なこと。しかしままならぬ浮世、あなたの父はこの世の人ではないが、その方があなたにもよい思い切りとなるであろう。なまじこの世の人であっても、道心堅固《けんご》（仏道へ帰依《きえ》する気持ちが堅いこと）の人であったから、決してあなたに会われなかったであろう。よくよくこのことを母君に話して、ともども故郷へ帰ったほうがよいぞ」

「父上のお墓はどこでございましょう。せめて拝んでまいりとうございます」

「私も、今その墓参りをしての帰り道だ。よしよし案内して進ぜましょう」

と苅萱道心は先に立って歩いていった。苅萱道心は、墓所の中で新しい無縁の墓を加藤繁氏の墓であると石童丸に教えた。墓へ着くと、石童丸は甲斐甲斐しく水を汲み、道端に咲く花を折って、それを手向けた。そして墓前に立つと、

「父上様、変わり果てたお姿になりましたな。まだ一度もお目通りいたさぬ石童丸でございます」

と語った。苅萱道心はその言葉を聞くと、まるで心をかきむしられるようであった。苅萱道心は、流れ落ちる涙を石童丸に見られまいと、顔を背けて、黒染めの袖で涙を拭った。そして口早に、

「もうそれくらいでよいではないか。さあ、私の住んでいる庵へ一緒にまいろう。あなたの亡き父も修行していた庵であるぞ。腹もひもじいであろう。食事など進ぜよう」

と言った。

「ありがとう存じます。亡き父上がお住まいの庵と承れば、いっそう懐かしゅう存じます」

苅萱道心は石童丸を庵に連れて行き、手ずから粥を煮て、石童丸へ進めた。苅萱道心は、いつまでも石童丸を引き留めていたくはあった。が、なまじそのような俗心を出すのはよくないと自分の心に言い聞かせて、口を開いた。

「さあ、この粥を食べたら早く下山して、母君にこの話を聞かせなされ。無事に大山寺へ帰らっしゃるがよいぞ。そうしてよく後世《こうせい》（後生《ごしょう》（「こうせい」とも読む）の間違いか。死んでから後の世）を弔い、仏にすがって、安楽にこの世を送らるるがよい。両親への心を一つにして、母君に仕えなさい。それが亡き父への功徳《くどく》じゃ」

石童丸は粥を口にしながら深い溜息をついて言った。

「いろいろのおもてなし、またご教訓、なんともお礼の申しようがございません。ただ、下山いたしまして、待ち焦がれて病の床に伏せっております母上に、父がこの世の人でないと語りましたら、どれほどがっかりいたすことでございましょう。それを思いますと、せっかくのお志《こころざし》の食事も喉をつかえて通りません」

苅萱道心は驚いた。

「母君は病とな……それは重ね重ね気の毒であるが、あなたがそのように気が弱って母君の看病は思いやられますぞ。あなたがしっかりして母君に力をつけて、早《はよ》う治して故郷へ帰りなさい」

石童丸は一腕食べ終わり、一息つくと礼を述べた。

「いろいろありがとうございました。どうかお達者に、また父の年忌《ねんき》には、墓参にまいります」

「それなら気をつけて」

と言って、石童丸の出てゆく姿を見ていた苅萱道心であったが、

「ちょっとそこまで送って進ぜよう」

と彼も庵を出た。

苅萱道心も、恩愛の絆断ちがたかったのであろう、石童丸を見送っているうち、知らず知らず、はや四、五町ほど道をともにしていた。石童丸は、

「もうよろしゅうございます。どうかお帰り下さいまし」

と微笑みながら礼を述べた。苅萱道心は溜息をついて言った。

「どこまでも同じだのう。それならここでお別れとしよう。どうか無事に」

苅萱道心は、歩みを止めた。

しばらくして振り返った石童丸は、苅萱道心が、まだ名残惜しげに松の枝に手をかけて佇んでいる姿を見た。

第二章　紫尾山麓の現王信仰
――日光修験系マタギの紫尾山での狩猟の可能性――

はじめに

紫尾山麓のさつま町泊野《とまりの》・白男川《しらおがわ》・二渡《ふたわたり》折小野《おりこの》、薩摩川内市城上町《じょうかみちょう》（旧高城町《たきちょう》）吉川《きちかわ》・長野《ながの》には、狩猟の神である現王《げんのう》様を祭神とする現王神社が点在・分布している。もっとも、さつま町泊野、白男川、二渡はかつて薩摩国薩摩郡東郷の内であったが、明暦二年（一六五六）から伊佐郡山崎郷の内に入った。したがってこの地は、現さつま町の内に入る。

現王信仰は、渋谷《しぶや》東郷氏と関係ある修験道文化の一つであると考えられる。また、現王信仰は各地の地名伝説や家系伝説ともつながっており、薩摩藩政門割制度の拡充の中で、現王信仰を戴いた修験者が門の名頭として登用されたことも考えられる。先祖を貴種とするのは、庶民の家系図にはよく見られることで、貴種が先祖であることは一家の誇りともなっており、繁栄にもつながることであった。泊野では、現王神社を祀っているのは宮田家であるが、俵藤太《たわらのとうた》（藤原秀郷《ふじわらのひでさと》）の子孫あるいは家来だともいわれている。

現王様は、本来は農耕神としてよりも狩猟神としての性格が濃厚であることに注目したい。現王様のお供である津田ノ万右衛門《つだのまんうえもん》を思わせる盤（万）事万三郎なる猟師が、山形市立石寺《りっしゃくじ》の縁起に出てくる。会津や越後、津軽などの狩猟者集団マタギの「山立由来記《やまだちゆらいき》」や「山立根源記《やまだちこんげんき》」「山立根本の巻《やまだちこんぽんのまき》」にも見られる。そうすると、この紫尾山麓《しびさんろく》には東北の狩りの神を戴いた狩猟民ないし修験者がやってきて住みついたことも推測されるのである。

修験道系の宗教者が自ら狩猟を行って野獣を捕らえ、その身体の各部分を薬品として利用し、病気や災厄除去の祈禱を行ったというのは、民俗学者の柳田国男や狩猟研究者の千葉徳爾の説くところでもある。このことについては、究極としては紫尾山の修験道研究に解決を求めないといけない大きな問題であるが、この論考では、日光修験道の影響を受けた東北のマタギ集団や修験者が紫尾山麓にやって来たかを探ることをねらいとして論を進めていきたい。

本論に入る前に、南九州の現王信仰に関する先学の研究に学ぶためにも、以下紹介しておきたい。

① 『川内川流域の民俗　民俗資料調査報告（1）』（鹿児島県教育委員会　一九七四）

この調査報告書では、村田熙や向山勝貞が現王神社の歴史や祭りのことについて詳しく触れている。向山勝貞は『鹿児島大百科事典』の中で、現王神社の伝説は日光系マタギと関係があるのではないかと言及している。実に貴重な指摘ではあるが、それが何の文献なり、資料に基づくものかということは示していないのが惜しまれる。

② **小野重朗「家系伝説の発生」**(一九九〇『南九州の民俗文化』所収)

小野は、家系伝説はどうして発生したかをねらいとした優れた民俗学の論考を著している。現王のお供であった折小野《おりこの》五郎七《ごろうしち》は身の丈の大きな男で力が強く強弓を引いた。その孫も強い弓を引いたという伝承について紹介している。小野は「現王伝説の基本をなす狩猟神としての現王が京都から来て祀られた部分は、宍野《ししの》にある天文十七年(一五四八)の棟札でも知られるように中世から伝えられたものであろう。その現王とともに京都から下ってきて、それぞれ集落に定住したと云われる津田万右エ門《つだまんうえもん》、笹野道清《ささのどうせい》、さらには三股道悠《みまたどうゆう》、折小野五郎七などは時代的にずっと後に現王伝説に尾鰭《おひれ》をつけ加えたものであろう」と指摘している。

薩摩藩による門割《かどわり》制度が整ってくるに従って、キイアケドン(切り明け殿)や開拓主として村を開発し、後に名頭として藩から任命されたものであるということ、及び同族意識・先祖崇拝を高めるために取り入れられたものであるという指摘は、史実の一面を窺わせる鋭い考察である。なお、門は名頭(「みょうず」。有力な説は「みょうとう」)という門の頭と、名子《なご》という平百姓の数家部(数戸)によって構成される生産共同体である。ただ、現王伝説が流入されてくる歴史的・民俗学的背景に触れていないのが惜しまれる。それは、論考のねらいが異なるので仕方がないことではあるが。

③ **長曽我部光義・押川周弘「六十六部廻国塔と現王島」**(二〇〇四『六十六部廻国供養塔』所収)

この論考は、学術的・実証的な論考として勝れており、多くのことを学ばせてくれる。長曽我部等は、千葉徳爾の『狩猟伝承研究』等を参照して、現王神社伝説の万右衛門・三郎・与三《よぞう》・与探《さぐり》などの人物名は、奥羽古伝の万治万三郎に通じ、「日光縁起《にっこうえんぎ》」で山の神となっているとしている。そこに奥羽のマタギとの関係を窺わせるという鋭い指摘をしている点が注目されるし、筆者に考察の基本的・本質的な視座を与えてくれる。

1 東郷町《とうごうちょう》に伝わる現王信仰

(1) 伝承の紹介

先ず、薩摩川内市東郷町の現王信仰を、『東郷町郷土史』と筆者が聞き書きした伝承をもとに紹介していきたい。

① 現王様の御下向

昔、京都から泊野現王《とまりのげんのう》・津田万右衛門《つたまんえもん》・笹野道清《ささのどうせい》の三兄弟が、この地方にやって来た。ただし、平家の落人であったとか、開拓のために来たとかいろいろな説もあり、年代もはっきりしない。津田万右衛門の子孫の津田氏に伝わる遺物などにより慶長から元和の頃（一五九六〜一六二四）かとも思われると『東郷町郷土史』は推定しているが、時代はもう少し遡るのではないか。

なお、本俣の伝説では、三俣容良を加えて四兄弟、山崎折小野《おりこの》の伝説では折小野五郎七も加える。泊野の伝説では津田万入《つだまんにゅう》・笹野道節《どうせつ》・三股道悠《みまたどうゆう》と名前が変わっている。また泊野現王の子孫は、さつま町白男川家《しらおがわけ》の現王園家《げんのうそのけ》や泊野・折小野・白男川などに残存しているが、いずれも旧東郷領内である。

泊野に伝わる伝説では、昔、京都より藤原朝臣久心《あそんきゅうしん》という人が薩摩に下向、出水《いずみ》の折口《おりぐち》に着船、それより高城《たき》の吉川《きちかわ》にしばらく休息、住む所を選ぶにあたり、高い山から弓矢を放ち、その矢の落ちた所に決めた。その山を矢放嶽《やはずだけ》と称し、その矢の落ちた所を求めて泊野に着いたという。そのお供の猟師として津田万入・三股道悠などがあったと言い伝えられており、その長兄の現王は泊野から矢を放ち、笹野に届いた所に道清を、津田に届いた所に万右衛門を住まわせた。この三兄弟は姓を松若《まつわか》といったという説もある。この三兄弟は、紫尾山一帯における狩猟に大変関係が深く、弓矢の術や狩猟に長じていた。しかし、気性も荒く兄弟の仲はあまりよくなかったという。

現王は泊野の宮田《みやた》に現王神社として祀られている。東郷町でも石堂《いしどう》・宍野《ししの》・山田《やまだ》に各一社、藤川《ふじかわ》に二社祀られている。宍野の現王どんは現王親子三体の木像が安置されている。

② 津田の万右衛門

藤川原の現王神社祭には明治時代まで郷士《ごし》踊りが奉納されていた。現在、藤川の二社は藤川天神に合祀されている。また、津田の万右衛門を土地の人は「マンニョン様」と呼び、年に一回旧暦の十一月の丑の日に、神官を招いて祭儀を行う。供物はいろいろあるが、特に高級な魚だけは

津田万右衛門慰霊碑のお堂

もとは自然石の碑であった。享保年間には万右衛門の子孫が３戸あったという。（藤川津田）

欠かせないことになっている。

昔、万右衛門様も藤川天神に合祀されていたことがあったが、ある夜、里人の夢に「津田に帰りたい」とのお告げがあった。以来、現在の津田次美氏方の前の「万右衛門田」の土手に、津田万右衛門慰霊社として小石祠が安置されている。以前は、津田一夫氏が花香をとっていたが転出したために今は津田広氏が引き継いだことになっている。ゆかりの弓矢などが津田公民館に保管されていたが、今はない。

③　笹野の道清

笹野の道清は、内園勝氏宅の前田の中に小さな自然石の墓があり、裏山には松若神社が祀られている。笹野ソエ氏および内園勝氏が一年交代で花香をとって、毎年十二月十五日に祭儀を行っている。供物は甘酒と小豆飯である。現在は、道清の墓は、耕地整理のため内園勝氏の庭に移されており、その子息が花香を取っている。笹野では、道清様と呼んで尊崇されている。また松若道清ともいっている。笹野にはほかに「道清禅《ぜん》男《なん》」と記された墓もある。笹野道清のものであるか今後の研究を待ちたい。

南瀬《のうぜ》の向江園《むかえぞの》には「花立《はなた》てどん」という、昔、人間に殺された猿の墓がある。その墓参りをかねて泊野から津田・笹野に猿が使者として年に一回派遣される習わしであった。その使者になった猿は、参りに行く時はまっしぐらに直行したが、帰りには道草をくって、途中の人家にいたずらをして人々を困らせたという。これに似た話で、山田の現王どんにも泊野から年一回白い猿が使者としてきたという。

また、昔は、泊野や津田、笹野の、それぞれの花香を取っていた人々が一カ所に集まって、祭りに参加する習わしであったが、最近はほとんど行われていない。

(2) 伝承の周辺

○ 笹野の道清はどのような人であったのか

これについては、『東郷の昔話』に「金のくわと朱のつぼ」と題して、道清の偉業が語られている。筆者の民俗聞き書きを加えて紹介しよう。

昔、南瀬笹野に、平家の落人とか旅僧だったといわれる松若道清という人が住んでいた。今の内園家の先祖で、南瀬の開拓者だったといわれている。道清は山や野原だった南瀬を農地にしていった。ある日、「笹野田圃《たんぼ》に七《なな》つ島がある。そのどれかの島に金の鍬《くわ》が埋められている。金の鍬を掘り出せば大金持ちになれるぞ」と村人に話しかけた。村人たちは、それを信じて我れ先にと七つ島をめがけて掘り始めた。毎日毎日掘り起こしたので、いつの日か七つ島は、消えて跡形もなくなってしまった。ところが、ある日、村人の一人が七つ島の下を掘っていたら「朱塗りの壺」が出てきた。その村人は「これはしめた、金の鍬ではないが宝ものにちがいない」と思って、その壺の蓋を開けようとした。すると、はずみでパッと蓋が外れて壺の中から真っ赤な血が噴き出し、それが流れ出て山田川は血の川となった。

この説話は南瀬の開拓話である。道清は、村人に開墾を勧めるために、「金の鍬」のことを話したのだ。村人が、血の出るような苦労を重ねて七つ島を耕していくうち、それが広い田圃となり、黄金色の稲の穂がたわわに実るようになった。金の鍬は黄金色の稲穂のことだったのである。今は、南瀬の広い田圃は、稲穂が実り、人も羨むような豊かな村となっている。

○ 折小野の五郎七は、いつの時代の人であったか

これについては、小野重朗『南九州の民俗文化』を参考にして、筆者の民俗調査を加えて紹介していきたい。

二渡折小野の五郎七は身の丈の大きな男で、力が強く強弓を引いたという。隣の須杭《すくい》集落にも弓の名手がいた。ある日、五郎七に試合を申し込んできた。須杭から折小野まで二《キ》ほどあるが、須杭岡から射た矢が五郎七の胸をめがけて飛んできた。五郎七は牛小屋にあったウシノフネ（牛の飼料を入れる容器）をひょいと持って胸の前でその矢を受け止めた。仕返しに五郎七も矢を放ったはずであるが、その話は聞くことはできないという。重いウシノフネで相手の矢をひょいと受け止めただけでも、英雄伝説としては十分であったのだろうか。

五郎七の孫平三《へいぞう》も強い弓を引いた。山崎の士族《しぞく》の家に上納米を納めに行った時は、玄関から入って行けるほど、他の誰よりも士族から大切にされていたと言い伝えられている。現在、折小野平三の子孫は「ヘゾ（平三）」といって冠婚葬祭や農作業などを一族で助け合って行っている。

小野重朗は、この五郎七は系図では享保八年（一七二三）生ということになっていると指摘している。現王信仰が、中近世のものであることから、時代的に合わない。小野は、現王伝説に新しく尾鰭をつけたのだろうと結論づけている。

◎ **考えていきたいこと**

① この『東郷町郷土史』では、津田に伝わる遺物などより慶長から元和（一五九六～一六二四年）の頃の話であろうと推定している。薩摩藩による門割《かどわり》制度が整っていく過程で地名や家系伝説とつながったのであろうという点で鋭い指摘であるが、筆者は後述するようにもっと時代は遡るのではないかと思う。

② 猿は山の神の使いとされ、九州山地では忌んで撃つ者は少ない（千葉徳爾『狩猟伝承の研究』）。山では猿のことはひと言も言ってはならない。かねては猿をヨモと呼ぶ。「猿をとるとツマヅク（不幸になる）」ともいう（下野敏見『狩猟』）。この地の人々は、猿がどんないたずらをしても現王様の使いだとして暖かく見守っていたのだろう。しかし、マタギは猿を獲って食べるので、マタギのいるところに猿はいないと言われる。しかし、「花立てどん」は、昔人間に殺された猿の墓であるという。ここに、猿を捕獲し、食べていた頃のマタギ狩猟集団の存在が窺える。

③　笹野の道清は、今でも土地の人々が道清様と呼んで尊崇しているように土地の開拓者で、現在の南瀬を豊かにしてくれた人だと信じている。折小野の五郎七は、弓の名人で、孫の平三など一族は、折小野集落では、重要な人物であったことを示している。現王信仰伝説が伝播してきた頃と比べ、時代が新しいのが気になるが、小野は、折小野の平三家の同族意識や先祖崇拝を基盤としたロマンスがなせる業だとしている。これを倫理的不誠実として責めるのは不適当だと言うのである。門割制度が整ってくる過程で、現王信仰伝説が変遷しながら取り入れられていったことは当然考えられることである。しかし、五郎七という一族にとっての偉大な名前は、数代にわたって用いられていたことは考えられないのだろうか。

(3)　東郷町の現王神社と慰霊碑（『東郷町郷土史』を参考にして）

① **現王神社**　斧淵《おのぶち》五社　松尾神社境内　祭神　山津美神

② **現王神社**　斧淵石堂《いしどう》　祭神　不明　真石三個　社司　田中鉄熊（明治時代）

石堂永右衛門氏が花香を取る。昔、この地に石童（堂）丸という人が落ちてきて住みつき、氏神として勧請したと伝えられる。その子孫の姓は石堂という。農民ではあるが御殿言葉を使い、決して卑賤な言葉は使わなかったという。

石童丸《いしどうまる》伝説は、さつま町鶴田の紫尾神社付近に濃厚に残っている。西州の高野山といわれた紫尾山祁答院《けどういん》神興寺にまつわる話である。薩摩川内市旧東郷町の南瀬と斧淵には人形踊りが伝わっ

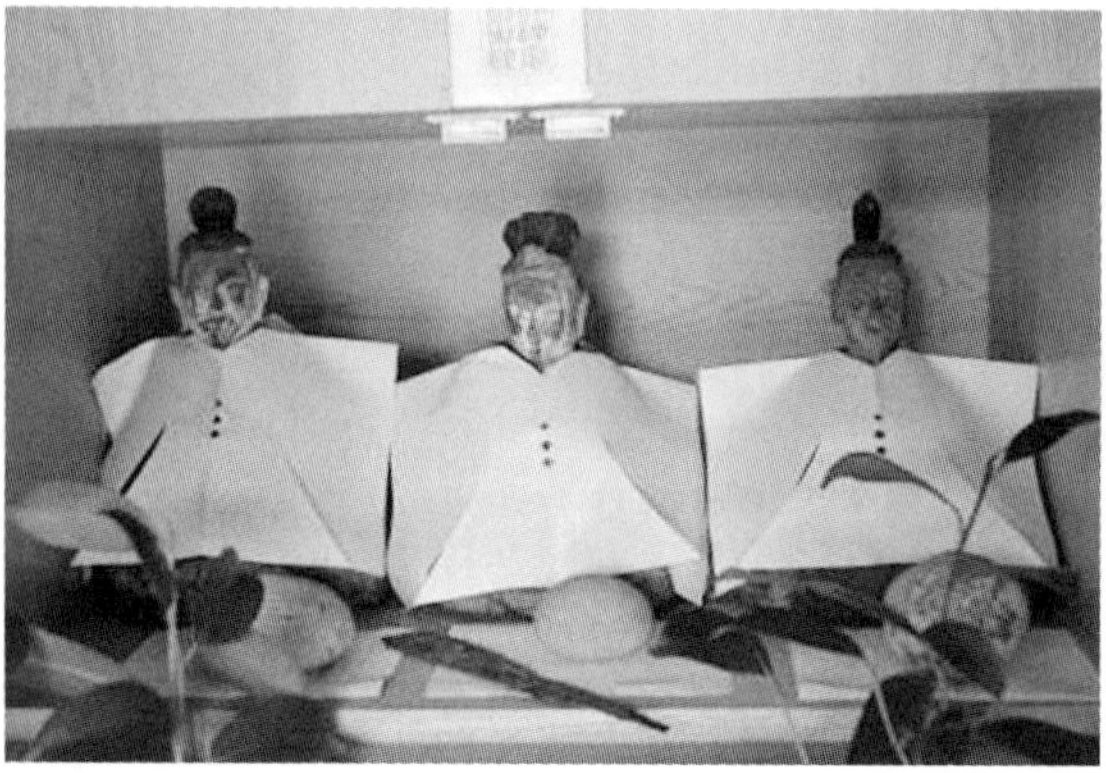

宍野の現王神社御神体

現王親子だともいわれる。天文17年（1548）11月７日東郷第十五代重治建立の棟札あり。

ている。その演目の中に「石童丸」がある。斧淵石堂の石堂家も石童丸の子孫と伝えられている。そのほか東郷でも石童丸伝説がよく語られている。

この高野山にまつわる伝説は、高野《こうや》派といわれる高野聖《こうやひじり》や行人方《ぎょうにんがた》（修験者）を主導者とするマタギ集団が広めた可能性があると考えられる。

③　**現王堂**　山田下に現王堂跡が残っているだけである。

④　**現王社**　宍野上公民館横　祭神　木像三体

（現王親子の伝承）

もともと宍野の現王原《げんのうばる》に鎮座していたが、昭和二十八年に宍野上公民館横の野久尾義美氏屋敷内に移転。野久尾家との縁故が深いという伝承により花香を取っていた。平成七年、鹿児島県道四六号線開通に伴い野久尾清光氏が自宅の屋敷内に移転。平成二十三年には野久尾和人氏が新たに屋敷内に立派な現王社を移転建立して丁重に祀っている。

○天文十七年（一五四八）十一月七日　東郷第十五代重治建立の棟札（現在、この棟札は見当たらない）

○元文三年（一七三八）十一月二十日再興の棟札
○再興棟札の解読
天神地祇八百万神　右意趣者宍野村上下男女息災延命安全並氏子長久祈願
木挽（解読不明）
奉再興現王社壱中　大工　町　休右衛門
八右衛門
日本国中大小神祇　于時元文三年十一月廿日大　宮司　中ノ上屋敷　……（解読不明）

⑤ **現王神社**　藤川原　祭神　伊弉諾尊《いざなぎのみこと》　伊弉冉尊《いざなみのみこと》　一説に山積神《やまづみのかみ》　木像四体（内　衣冠男女二体　随神二体）

○享保三年（一七一七）十二月十五日再興棟札
○元文元年（一七三六）十一月十五日再興棟札
○寛政十二年（一八〇〇）再興棟札
○嘉永二年（一八四九）再興棟札
○十一月七日　川添千春（明治時代）〈これは棟札なのかどうか不明〉
昔、原・北迫・上園・小鷹の産土神で　郷士踊り奉納

⑥ 現王堂（山之神）　藤川大久保鞘之段（砂原）　祭神　木像四体（衣冠装束）菅原道真下向の時、供奉の人たちを崇め祀ったという。

○元文元年（一七三六）十一月十五日再興棟札
○天明八年（一七八八）十一月七日再興棟札
○十一月六日　川添千春（明治時代）〈これは棟札なのかどうか不明〉

⑦　**現王堂**（山之神）　藤川本俣

⑧　**津田万右衛門慰霊社**　藤川津田「万右衛門様」の畦に自然石の碑がある。　祭神　津田万右衛門

享保年間（一七一六～一七三六）には万右衛門の子孫が三戸あったという。祭日は十一月初めの丑の日。以前は津田広氏が花香をとっている。墓所は田の中にある。

2　さつま町泊野の現王信仰

(1)　現王神社に伝わる伝承

これについては、『現王神社伝説集　その1』（主として小向井伝蔵の口述による。昭和十年ごろ）が伝えられている。また宮田勇吉氏が平成十年に編集した『現王神社・氏子の伝え』がある。後者が詳細で分かりやすいので、それを中心として、筆者が集落の人々に聞き書きしたものを合わせて紹介していきたい。

① 現王様の御下向

昔からの言い伝えによると現王様は、京都にお住いの人であった。ある日、追われる身となり俵藤太（藤原秀郷）の末裔などをお供して西へ西へと逃れた。薩摩までは船に乗ってこられた。阿久根の折口（『現王神社伝説集』も阿久根折口説をとっている。『東郷町郷土史』や『名勝誌再撰方志ら偏帳留』には出水の折口となっている）に着き、高城の吉川《きちご》（現在は「きちかわ」）でしばらく休息された。そこで、住む所を決めるにあたり高い山に登って弓で矢を放たれた。この矢を放たれた山を矢筈《やはず》嶽《たけ》という。現王様は、東郷山田より丘を越えて、白男川に着かれ、住民とともに田畑を開墾して農耕をすすめられた。白男川には現王園という姓が多いが、その伝説を裏付けるものである。

現王様は、この地即ち現王園にいては猪や鹿が獲れない、もっと狩りに適した土地に住みたいといわれて、やって来たのが泊野である。お供の中で、津田ノ万右衛門（万葉ともいう）、笹野の南瀬（道節ともいう。『現王神社伝説集』では笹野三郎となっている）。二人は兄弟であり弓が強く、矢文《やぶみ》にも使った。その他、小田原左京、三股の道愁（『名勝誌再撰方志ら偏帳留』と『東郷町史』では道悠となっている。編者の間違いか）、三股の容良・折小野五郎七、高木場の仲太（『誌ら偏帳』では伴太となっている）などの数人と、猟師（『志ら偏帳』では小者となっている）の與三《よぞう》、與探《よさぐい》と猟犬八匹を連れて、今の一ツ木を通ってこられた。当時は、一ツ木の山ノ口までは泊野より森林が続いていた。山ノ口より下流は田畑が開けていたので山ノ口と名付けられた（山ノ口は、泊野川にかかっている今の浅井野橋の少し下流側）。

② 現王様のお住まい

現王様は、山ノ口より紫尾山麓をめざして神輿で山道を進まれ、三腰野《みこしの》に着かれた。ここは現王様が神輿を降りた所だから三腰野という地名がついたそうである。そこから少し歩かれて早速、狩りを始められた。先ず、小鷹野《こたかの》で雉鳩（『現王神社伝説集』では鶴となっている）を捕るために飼っておられた小鷹を最初に放たれた。そのため小鷹野という地名になっているそうである（現在の椿峠の付近）。次に雉を捕るために大鷹を放たれた。そのため、ここは鷹峰《たかみね》（高峯）という地名になっている。

現王様は、お住まいを決めるにあたり、高い山に登って弓を放ち、矢の落ちた所にお決めになった。その矢を泊野の大平《おおひら》で見つけられたので、一時、住まいを大平に定められた（そこには屋（矢）床の地名がある）。ここでも田畑を開かれたので現王原《げんのうばる》の地名がある。現王様が、宮田・市野・大平に植えられたと伝える矢竹、しののめ竹は、それ以外の地では育たないという。

当時は、今の宮田方面に鹿や猪が多く、宮田の仁田迫《にたんさこ》で、猪数匹が仁田打《にたうち》をしていることが分かり、ここを仁田待伏《にたまぶし》として、自分の屋敷をここに定められた。そこが今の宮田原である。地名と屋敷跡が残っている。仁田打というのは、猪が体に泥をうちかけて土堤に体をこすりつけ、ダニを落とすという意味である。待伏（射翳）というのは、猟師などが鳥獣を射るとき、柴などを折って身を隠すことをいう。一説には矢が止まった所であるので「留野」（泊野）という地名になったとも（『宮之城町史』二〇〇〇年）。

ところが、その家が火災にあった。現王様は、屋敷は水の近くでないといけないということを考えて、今の現王神社がある所に家を作られた。現王様は、村人に農耕を勧め、水路や道路を作られた。泊野の生活の基盤を作られた恩人ということで、亡くなられた後、村人たちは神社を建て、その遺徳をしのんだ。毎年七月二十三日の六月灯と十一月二十三日の祭典日を定めた。

③　**津田ノ万右衛門**

現王様は津田ノ万右衛門を津田（東郷町）に、笹野南瀬を南瀬（同）に住まわせた。宮田平衛門の門に伝わる古文書には、小田原請左衛門・藤原秀郷の子孫なり（藤原の朝臣清左衛門の子孫）とある。

一方、津田ノ万右衛門の方は、津田に彼の祠があり、その子孫は小田原を名乗っている。それ以後、東郷の小田原から泊野の宮田家に養子を貰いにきたことがあった。しかし、長男が行けば腹具合が悪くなったり、頭が痛くなったりして、どうしても鬼坂峰を越えることができなかった。これはきっと神様がお気に召されないのだろうといって、結局、二男が養子に行くことになったという。

④　**弓術の奨励**

現王様は、弓術の奨励をなさって、山から猪や鹿は追い出してやるが、射ることまではしてくださらいという。したがって、弓の上手な人は、経験が少なくても猪や鹿を獲ることができるが、下手な人は獲れないし、現王神社の御利益はないという。

⑤　**現王様の子孫**

白男川の現王園家は、現王様の子孫と伝えられている。あるいは、宮田家がそれともいわれている。宮田家は現王様とともにやってきたのであるが、しばらくして小向井、平野、市野の三家が順次移住してきた。市野家は現王様の刀鍛治として付き添ってきたともいう（『宮之城町史』二〇〇〇年）。しばらくして北野家がやってきて菅原神社を祀っている。

山崎村に編入されて農民になってからも、泊野の人たちは、島津の殿様に狩りで奉公し、狩りの習慣（狩猟犬付きで泊野五人、浅井野一人、白男川一人）は明治九年まで続いたという。

宮田家は現王神社の社家として、氏子総代を代々務めてきたが、現王様あるいは俵藤太（藤原秀郷）の子孫あるいは家来であったと伝えられている。

(2) 泊野の現王神社に関する文献

ここでは『神社誌』『名勝誌再撰方志《めいしょうしさいせんがたし》ら偏帳留《べちょうとどめ》』を紹介し、考察してみよう。

① 『神社誌』に記されている現王山之神

明和五年（一七六八）から六年に本田親盈によって編集された『神社誌』と同編『鹿児島神社考』、元島津家寺社奉行所蔵薩偶日神社考より補足した「神社明細帳」から引用してみよう。

山崎白男川村泊野宮田

現王山之神　　代宮司宮田屋敷　弥右衛門

祭神

正躰　木像　三躰

祭祀　十一月廿三日、神供四膳　魚味　神酒御供花米（神に供えた米　筆者）五升九合

泊野村中ヨリ出米ヲ以祭之

一　御殿　高七尺　横一間方板葺　西向

一　舞殿　四敷三間三尺茅葺　右名中修補所

一　社地　十六坪　内　山六歩平地十歩

右社地之内

ヨソウ、ヨサグリ殿　石像三躰

祭日同　花米一升三合　名中出米

井穴之口入社之明神右山之神江相付石像八躰　祭祀同前

同山之神石像一躰

祭祀同日　神酒御供花米一升三合　名中出米

右之代宮司市野々門長吉

伝承ス、現王山之神ハ、往古現王ト云ル仁神、当国へ下向有此、泊野村へ居住シテ、朝夕宍ヲ狩、食トス、其近臣ニヨソウ、ヨサグリトテ二人之者有、山ノ幸常人ナラス、故ニ、時之村民、現王ヲ敬崇シテ山之神と号シ、近臣両人ヲ同社地ニ崇テ祭祀、於于　今無退転

（以下のようなことが伝承されている。現王山の神は昔から現王といわれる情け深い神である。当

国へ下向、即ち、都からお下りなさった。朝夕、猪を狩り、それを食としておられた。その近臣に、ヨソウ、ヨサグリという二人のものがいた。山の幸を捕らえることに勝れていて、とても常人の技ではなかったので、村人が現王を山の神と名づけて、近臣と一緒に同社に崇め祀った。今も退転なく、即ち変わりなく祭りが続けられている。）

これによると、祭神は木像三体とあるが、現在、神社でもその存在を確認できる。「山ノ幸常ナラズ」とあるが、祈願をすれば、常に、大変な豊猟となった。そのために尊崇を集めた現王神社では、現在まで祭祀が続けられている。なお、「神社明細帳」では、現王神社、無社格、祭神不詳、由緒不詳、氏子六十八戸となっている。

②『名勝誌再撰方志ら偏帳留』に記されている現王山神

泊野村宮田

現王山神　木像三躰

但高サ壱尺八寸位座像

中尊

脇二躰

高サ二尺位立像

右棟札ハ大檀主藤原朝臣久心公（不明。『東郷町史』によると、泊野の伝承として、昔京都から薩摩に下向した人ということになっている＝筆者）、同久知（宮之城島津家の系図に第六代久洪の左横に久治が記されている。同一人物か。そうすると久心も久知も宮之城島津家の一族ということも考えられる＝筆者）武運長久、宝寿長遠息災、延命トアリ万治四年（一六六一）辛丑卯月吉祥日

願主　中村貞右衛門　与右衛門
小工　長野金在　小向井
久松佐次兵衛　藤十左衛門
山口次郎兵衛　市野之
石塚弥右エ門　助三郎
宮田之
清吉

右現王宮ハいにしえ京都より御下向之御神ニ而当国江御下向之節、出水之折口ト云所江御着船、夫ヨリ高城ノ吉郷江もしばらく御休息ニ而、当泊野江御見立御住居給ふ、惣御山之神ト申伝候、崇敬し奉る

（右の現王宮は、昔京都から当国へお下りくださる際、出水の折口という所へ着船され、高城の吉郷（現在の薩摩川内市城上町吉川）にしばらくお休みになられた。（その後）当泊野を御住居と見立てられてお住まいになった。すべて（の人々が）御山の神と申し伝えて崇敬している。）

御供ノ公家集
御猟師　御小者

津田万入　　　　　　　　與三
三俣道悠
高木場ノ伴太　　　　　與探
御犬附
小田原左京
御犬八匹
大熊、小熊、大白、小白、大崎、小崎、大黒、小黒ト申候由　于今村中ニ申伝候、右現王宮之脇ニ岩穴有、其穴ニ勧請ニ而候処、宮田門名頭ヨリ御殿造立仕候之由、右穴江ハ御供　之衆八社之明神ト崇石躰八神崇敬し奉る

（現王宮の脇に岩穴がある。その穴に勧請した所、宮田門の名頭が御殿を造ったとの由（である）、右の穴にはお供の衆、八社の明神として崇め、石躰八神を崇敬している。これは、八匹の犬を明神として崇め祀ったといわれる。）

右祭田高三石被下置候処、泊野村山崎へ召付候時分、御蔵入高ニ相成候由申伝候、古代ヨリ山祭り之法相伝リ来候処、前代出火逢、消失奉仕候由申伝候、出水表ヨリ山祭りトシテ参詣人節々有之候

一　十一月廿三日氏子中出米ニ而祭相調申候

（右（現王社）祭り田を三石くださったが、泊野村が山崎村へ召しつけられた際、御蔵高に入れら

れたと申し伝えている。古くから山祭りの法が伝えられてきたところ、（現王社）が前に出火にあい、消失したと申し伝えられてきた。出水から山祭りとして参詣する人が、節々、即ち、祭りの際に参詣に来る。）

一、十一月二十三日氏子の人々が（祭りに供える）米を出し合って祭りを落ち度のないように行っている。

【解説】

- この記録によると現王神社の御神像は宮之城島津氏が奉納したことが考えられる。
- 藤原朝臣久心については、『東郷町郷土史』では、京都から下向した人という伝承が泊野にあると記している。これは、マタギの祖は藤原秀郷（俵藤太）の説があるので、藤原氏を名乗った公家衆の一人と考えたのであろう。しかし、大檀主とあることから藤原久心も久知も宮之城島津氏との関係がある可能性がある。
- 古代より山祭りの法が伝わってきたということであるが、狩り踊りに出てくる山神祭文のことであろう。
- 出水から現王社山の神祭りに来るのは、出水に住んでいる宮田一族である。

③　白男川の現王山神

現在のさつま町白男川には現王山神はない。しかし、同『志ら偏帳留』には次のように記されている。

白男川浅井野
現王山神　石躰七躰
右社元禄二年（一六八九）巳年並宝永七年（一七一〇）寅年普請為有之候由、相
見得申候得共、勧請之訳相知れ不申候
一　十一月廿日村中出米ニ而祭相調申候

この現王山神については、浅井野の井川満氏が花香を取っている山神がそれに該当するのではないかと思われる。

(3)　泊野の現王神社に残る絵馬など

多数あるが、一部を紹介してみよう。

①　文政卯正月十五日

奉　叶　御宝前　御山神様江念願
□国□住　平景堅
□は解読不能

【解説】

文政二年（一八一九）に平景堅という武将が豊猟の祈願をしたことが分かる。平景堅なる人物については不明。

②

（表）

嘉永三年辛亥正月元旦子

奉　寄進　季梁　弟秀靖

子の年

薩本府

騎衛士

伊地知権左衛門

平　寿恵梁

（花押）

（裏）

神います　はるや閑□□　猪も□□　狩□初□　豊か□　御代　□□□（□解読不能）

【解説】

- 嘉永三年は、庚戌で辛亥は嘉永四年
- 季梁と弟秀靖が絵馬を寄進したことが分かる。子の年は嘉永五年であるが、ここに記してある意味が不明。また薩本府騎衛士の伊地知権左衛門なる人物名が出てくるが、歌の作者か。いずれにしても、城下の武将が現王神社の祈願にかかわっていることに注目したい。

③

安政四年乙巳二月吉日

鮫島惣助　　＊鹿と人間の絵が描かれている。

【解説】

・安政四年（一八五七）は丁巳の間違い。

・鮫島という姓がついているので武氏階級と思われる。

以上、三点とも武将がかかわっていることが分かる。城下などの武士階級の祈願が多かったことが推察される。

(4)　泊野の狩踊り

泊野には狩り踊りが伝わっている。この踊りは、東北の山形市山寺に奉納されている狩り踊りと関係があるのか見ていってみよう。

これは金山《かなやま》踊りの後山《あとやま》として踊られる。いつの頃から始まったかは分からない。現在、宮田踊り保存会が踊りを維持している。以下、『宮之城町史』から引用したが、理解を助けるために一部を修正した。台本の全てを紹介して考察を進めてみよう。筆者が地元の古老の助けを借りて、叱責を覚悟して方言を標準語に改めてみた。

登場する者

1　殿様の使者　一名
2　庄屋　一名
3　狩人　四名
4　三助（道化者）　一名
5　犬　八頭
6　猪　一頭
他に太鼓打ち、拍子木打ちなど

開幕

トントンカチカチの音頭で始まる（太鼓、拍子木）
三助《サン》がうちわを片手に腰に大きな煙草入れ、前に偉大なフグリを下げて面白くおかしく飛びながら出てくる。
・三助「東西、東西、東西ということは黙れということでござる。只今から宮之城町（現　さつま町）宮田集落に伝わる狩り踊りをご覧に入れます」と言いながら庄屋の所に飛んでくる。
・三助「庄屋、庄屋、麓ん旦那のございたど（旦那が来られましたよ）」と殿様の使いが来たことを知らせる。同時に使いが花道から出てくる。
・使者「オー　庄屋ドン（殿）、さしかぶいござした（久しぶりでございました）」

・庄屋「ハイ　さしかぶいございした。旦那も達者でよろしゅござしたな（よろしいでしたね）」

・使者「じつわな、鹿児島ん殿様い、あととい（跡取り）息子が生んまれたユエ（生まれた祝い）があっで（あるので）、わや（お前は）、泊野いいたて（泊野に行って）、狩いのし（狩りの衆、すなわち狩人）をたのんで、猪やら鹿やら捕ってもろてけちゅ（捕ってもらってこいという）達示ござしたで（達示でございましたので）ひとつ、たのんみゃげもんど（お頼みいたしますよ）」

・庄屋「そんこた（そのようなことであれば）、いっき（すぐ）狩よせんなら（狩りをしなければならない）」と言って、狩人を集めるためほら貝を吹こうとするが、鳴らないので、「三助、わい吹け（お前が吹け）」とホラ貝を渡す。

・三助「庄屋、おまやこまんかうち（あなたは小さいとき）くそをくたこつがあっで（糞を食うたことがあるから）吹っがならんとじゃが（吹くことはできないのだが）」と言いながら貝を吹く。

・庄屋「こら、三助」

・三助「オー」

・庄屋「きゅわね（今日はね）殿様んでしな（殿様の大事な）お狩いがあっでね（お狩りがあるからね）、わやいっき小唄ん一つちゃも（お前はすぐ小唄の一つも）ち唄で（唄ってしまうから）、きっと唄《う》となね（必ず唄うなよ）」

・三助「ハイ、ハイ、ないがそげなでしな（なんで、そんな大事な）お狩いがあっとき唄どんうてもそかい（唄など唄うものですか）」と言ったがすぐ唄いだす。

・三助「高い山から谷底見れば、うりやなすびの花盛り、ホイサ、ドンドン」
・庄助「もへそら（もう、そら）、唄とたか（唄ったのか）」と言って、センスで三助の頭を打つ。
この間に狩人が集まってくる。犬も出てくる。三助は、庄屋につきまといながら面白おかしく飛び回る。

皆が集まったところで、
・庄屋「ほいなら（それなら）、星ょ（星を、即ち、出席を）といもんど（取りますよ）。木の下んしばよん（木の下のしばよん）」
・木下「オー」
と言って一足前に出てから引き下がる（以下同じ）
・庄屋「おこん先っのとがいよん」
・おこ「オー」
・庄屋「石とびったぜ」
・石「オー」
・庄屋「大風《うかぜ》ぼっぽうぜ」大風は、少し遅れて出てくる。
・大風「オー」
大風が出たところで、狩人の一人が、
・狩人「夜話《よばなし》いたて（〈若い女性のところへ〉夜、話をしに行って）もどっみたや（帰ってみたら）、てちょが（父親が）しゅさんのかえっ（出産をし）、かかは（母親は）せんき（脱腸の病）が出ちょって、へっち（すぐ）出てきやならんじ（出てくることができないで）、おすないもした（遅くなりました）」

•庄屋「もう、わいが夜話も、よか止めどっじゃいが（良い止めどきだが）」

•石「庄屋どんの（庄屋殿が）、木戸ん（門口の、即ち隣り合わせの）後家じょい（後家の女の所に）行かっとも（行くのも）、もうよか止めどっじゃやすいめかいな（もう良い止めどきではございませんでしょうかね）」

•三助「角《かど》ん（屋敷の隣り合わせの。角ではなくて門か）後家じょが今知れた（後家女の所に夜話に行っていることが今、知られてしまった）。角ん後家女が今、知れた」と言って飛んで回る。

•庄屋「そんなら祭いの準備じゃ。三助、神様ん掃除どんせ（神様の掃除でもしなさい）。金みがきせよ（金が光っているように、きれいにしなさい）」

三助、ウチワで掃く。自分のものも出して掃く。幣を供え、次にシトギ（粢。うるち米をあらくひいて、水を入れて作った団子）を供える真似をして、自分で食べ、口の周りにつけて戻ってくる。

•庄屋「こら三助、わやシトギョ（粢を）つっすころたね（食べやがったね。「つっ」は食べるのを強調した接頭語）。口ひっちちょいごたぁが（口にひっついているようだが）」

•三助「ないが、うっくろもそかい（どうして、食べるものですか）。こら、からすどんのくそじゃっど（これは、烏殿の糞だよ）」と手真似で庄屋をごまかす。

続いておみき（御神酒）を供えに行くが、それを途中で飲んで、きもん（着物）の袖を濡らして戻ってくる。
・庄屋「また、御神酒をひんのだもんじゃが（飲んだものだが）。きもんの袖が濡れちょいが（濡れているが）」
・三助「こんた、さだっ雨（これはにわか雨）。さだっ雨ちゅわな（にわか雨というのはね）、片袖は濡れて片袖は濡れんちゅもんじゃ（濡れないというものだ）。あそこは降ったいどん（あそこは降ったけれども）、ここは降らんにゃったけ（降らなかったですかね）」
ここで祭りの準備ができて、庄屋が祝詞《のりと》を上げる。
三助が後ろでまねごとを言う。
・三助「高天原に神とどまり、上宮山（紫尾山の上宮の鎮座している山、即ち、ここでは紫尾山の頂上付近をいう）に猪とどまる。我等この度の狩りに、獲物を授け給いたく、畏《かしこ》み、畏み申す。千早《ちはや》ふる、千早ふる、山口三千三百三十三体の神様、山中三千三百三十三体、山奥三千三百三十三体の神様、何とぞ、猪を授け給え。千早ふる、千早ふる、上げそこねはござろうとも（供え損ないはあっても）、受け取いそこねは、ござらぬように（受け取り損ないはないように）、畏み、畏み申す」
祭りが終わると座を少し下がって、御神酒を飲みながら、庄屋が狩人に頼み事をするが、文句をぶつぶつ言うばかりで、はっきりしたものはない。

このとき、三助は飲みたくてたまらない様子で、うろうろしながら庄屋に文句を言う。

・庄屋「こいから（これから）、まぶし立て（まぶしとは待ち伏しのことで、狩人が柴などで身を隠す場所。猪がよく通るところに隠れる）をしもすど（しますよ）」

ここで庄屋が次のように注意する。

・庄屋「夏山ちゅわね（夏山というのはね）、目の上にゃ蜂、足もとにゃマムシ、よくよく気をつけんといかんど（気をつけないといけないぞ）」

そして地図をセンス（扇子）で指しながら狩人に指示する。

・庄屋「小久根《こっね》まぶしから木地山まぶし、木地山まぶしから平仁田まぶし、平仁田まぶしから岩塚まぶしさいいたて（方へ行って）、今夜《こんにゃ》の夕狩《ゆうが》や、じゃじゃが谷《たい》のくんだい落としじゃっど（下り落としだよ）」

「小久根まぶしにゃ、木の下んしばよん、わい（お前）行け」

「木地山まぶしにゃ、おこん先《さ》っのとがいよん、わい行け」

「平仁田まぶしにゃ、いしとびたつぜ、わいが行け」

「岩塚まぶしにゃ……」

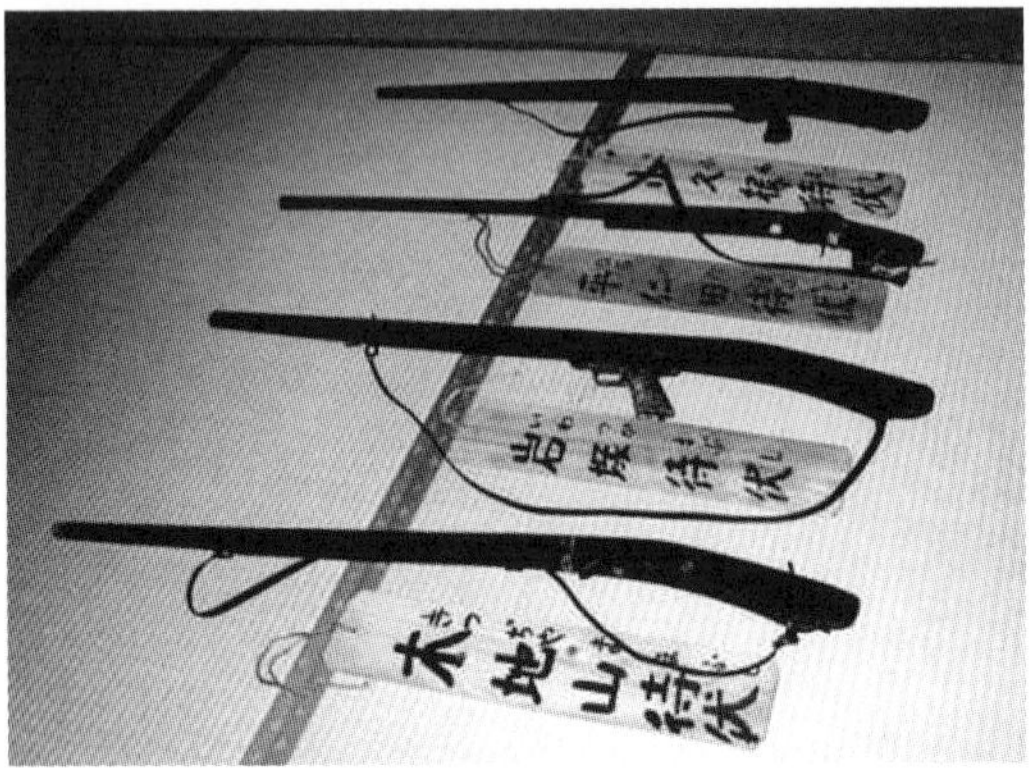

狩り踊り　狩人の「まぶし」ごとの猟銃

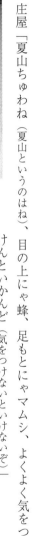

狩り踊り　ふぐり
三助がこれを下げてマラフリをする。
女である山の神は喜ぶという。

庄屋がここまで言ったとき、狩人たちが同時に庄屋の前に進み出て、

・皆「そこは、望んどおいにゃいっもさんど（望みどおりにはいきませんぞ）、ちった（少しは）、男の器量も見てやってもらわんにゃ（男の器量も見てやってもらわんないけない）」と言う。

・庄屋「ほんなら（それなら）、だいでん行け（誰でも〈自分の持っている、好きなまぶしの所に〉行け）」

この間に犬が歩き回り、供え物などに悪さなどしたり、狩人に小便をかけたりする。

狩人がそれぞれ犬を連れて、まぶしに立とうとするとき一発銃声。

・狩人「ふかせもした（沸騰させました、即ち、鉄砲を撃って気勢をあげました）」

次は狩り場の場面。犬が猪を追い出して出てくる。三助が、ここで面白く立ち回りをする。

狩人が、それぞれまぶしに立って狩り声を出す。

・狩人「ヤッホー」

同狩人たち「ヤッホー」
同「ヤッホー」
同「ヤッッホー、くっど、くっど（猪が来るぞ、来るぞ）」
同「出たど（〈猪が〉出たぞ）、出たど、くっど、くっど」と大声で叫ぶ。
・三助「出たど、出たど」。
このとき三助は男の持ち物（ふぐり）をひけらかして立ち回る（劇の山場なのでできるだけ面白く演じる）。
この間に、犬が猪を追って出てくる。頃合いを見て発砲。猪は傷を受け、逃げる。犬と傷を受けた猪と喧嘩するところを発砲し、猪を射止める。
・狩人「大風ぼっぽうぜ、素人じゃないぞえ、さすを切れ（意味不明。さすが「さし」の意味だとしたら、「さし」即ち、担い棒を切るように見直せの意味か）」
猪を担いながら、狩り声の「ヤッホー」「ヤッホー」で幕。

【解説】

① 泊野はもともと宮之城島津家の狩り場であった。当然、鹿児島城下の殿様や家臣団の命令も聞かなければならなかった事情が分かる。宮之城島津家からも薩摩藩の家老を出したりして、庶民に対しての権力があったので、当然のことだったのだろう。

② 陣頭指揮は、村の庄屋がしているが、庄屋も当然、狩猟の経験者であったことが考えら

れる。しかし、経験不足は否めず、狩人の不満をかう。

③ ひょうきん者の三助が、この狩猟の祭りの時に男根を出したりして皆を笑わせている。このことは、この地方でも狩猟の時、女の神とされる山の神に男根を見せて豊猟を願う習俗があったことが考えられる。その習俗について聞き出すことは現在ではできないが、早く消滅したことが推測される。男根を山の神に見せるということは、逞しい男としての象徴を示すことをねらいとする。同時に、自らも山の神になって、豊猟を得たいという祈願の気持ちがあるのである。

④ 庄屋が三助に狩猟の時、山の中で唄をうたうなと命令する。これは、山の神が唄が好きなので、つい聞き惚れて狩猟者に恵みを与えたり、いざという時、救ってやることを忘れてしまうからである。しかし、この伝承についても地元では聞き取ることはできなかった。早く消失したことが考えられる。

⑤ 山の神祭りの祭文は、南九州で各地で聞けるものである。これは、狩猟者自身が、山中で人に聞こえないように秘密にして唱えるのである。

⑥ ②に関連するが、マブシを決めるとき、狩人たちは村で権力を持つ庄屋の言うことは聞かなかった。これは、マブシは各狩猟者の秘密の場所であり、財産でもあったことを示す。

⑦「ヤッホー」という意味は、山での叫び声であるが互いの居場所を明らかにし、あるいは歓喜の感を表す時に使われる。そんなに古い時代から使われた言葉ではない。これは後から

入ってきたものか、この劇全体の歴史がそう古いものでないことが推定できる。

⑧　山形県山形市山寺には「狩り踊り（鹿《しし》踊り）」が伝わっている。これは東北の代表的な民俗芸能で風流獅子踊りの一種で、鹿の頭をかぶる一人立ち獅子舞である。しかし、ここ泊野の狩り踊りは、猪が穫れることを現王の神に祈願し、狩人が犬を連れて猪を獲る場面を描いたものである。予祝として、狩りの真似をすることによって、豊猟を願うものである。山形市山寺の「狩り踊り」とは踊りの形態と目的が全く異なるが、「狩り踊り」という名称が類似しているのは偶然の一致だろうか。

参考として、「狩り踊り」ではないが、種子島の古田神社（西之表古田）の願成就の秋祭りの日に行われている「獅子舞」がある。大分県から一一〇年前に伝わったものである。鹿児島県無形民俗文化財に指定されている。天狗と獅子のテンポの早い舞、それに伴う笛、太鼓の楽、道化役の猿の動きなどが見事である。獅子舞は、沖永良部島に沖縄系のものが一つ、鹿児島市郡山町に一人獅子舞、吉田町にも一つある（下野敏見『種子島民俗芸能』）。

(5)　柊野《くきの》の狩猟

島津家の狩り場であったと伝えられる泊野では、どのような形で奉仕したのだろうか。具体的には不明なところがある。そこで、伝承が残っているさつま町鶴田《つるだ》柊野の昔の狩猟習俗を見てみよう。

宮之城島津家の狩り場であった柊野の狩猟では、薩摩藩政時代、各組に二頭ずつの猟犬を飼わせていた。各組では一カ月ごとに各家が交代で飼育していた。これは組の全員になつくように工夫されたものである。島津家の主だった家臣たちが狩りをするときは、例えば、仁田迫は平田どん（殿）のマブシ、マダラは日高どんのマブシ、コブシは相良どんのマブシというように各氏ごとにその場所が決まっており、また、同じ時に狩りが重ならないようにしてあった。

狩りのとき、獲物をマブシに追い込む勢子《せこ》（狩り場などで獣を追い立てる人）は追立《おったて》（追い立ての人夫）で、各組交代で男の全員が出動させられた。犬は八頭とも出させた。

飯の当番にあたった者は、何十人分かの昼飯を遠い狩り場まで、山越え、谷越えして運んだ。帰りには、重い獲物を担がされた。

皆が集まると、山の神祭りを行った。それぞれが与えられた部所に付いた頃を見計らって、行事（東郷忠愛家）がホラ貝を吹き、その合図で始まった。獲物が獲れたらその場で山の神を祀ったが、里山《さとやま》、中山《なかやま》、奥山《おくやま》と祭りの文句の順序を獲れた場所で違わせた。山の入口で祀るときは、里山の神を最初に呼び、次に中山の神、奥山の神という順序であった。この文句は狩人の頭《かしら》だけが分かっていた。皆に知られたくないので小声で唱えたという。

奥山の神様　三千三百三十三体

中山の神様　三千三百三十三体

里山の神様　三千三百三十三体

合わせて　九千九百九十九体
お礼を申し上げます。

猪の料理をするとき、山の入口で穫れたものである場合は、里山の神が正客であるので最初に呼んでご馳走し、それから猪を四方に広げて山の神々に捧げた。しかし、殿様や旦那衆は全部持って帰るので、勢子にさせられた村人は、わざと獲れないように柴を立てて祀ったという。これによると、宮之城島津家や家臣たちの狩猟の度に村人は勢子あるいは追立として、男全員が交代で出ることになっていた。非常に難儀なことであったため、わざと獲れないことを願っていたという。

泊野の場合も、同じような状況だったことが推測される。

(6)　泊野現王神社の現在の祭りと信仰

昔から多くの狩猟者が、泊野の現王神社に豊猟の祈願に来て、獲れたときは、願成就のお参りに来て、肉の一片を奉納している。残されている神像や棟札を調べて見ると、宮之城島津家や鹿児島城下の武士たちが、祈願に来ていることが分かる。

宮田家には、山の神のオコゼが保存されている。同家は、庄太郎−代右衛門と継がれ、庄太郎は昭和二十年に七十八歳で死んだが、その父代右衛門はインツシ（犬遣い）で、シシモレ（猪（含む鹿）貰い）の祈願をする人であった。

狩人は、宮田家に来て、オコゼを包んである和紙一枚をもらい受け、ハナコドリ（花香取り）の宮田家に持って行って祈ってもらう。さらに庄太郎が狩人を神社に連れて行って祈禱をしたという。

泊野　現王神社

現王様が住んでおられた所と伝えられる。棟札には「太檀主藤原朝臣久心」と「久和」の名前がある。

泊野　現王神社御神体

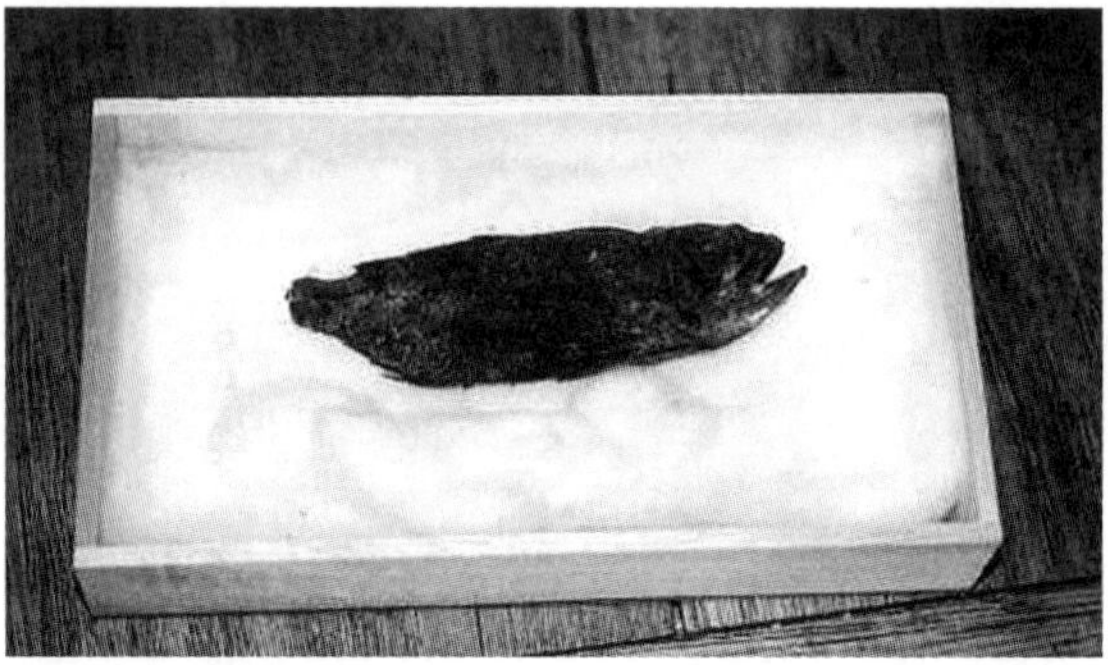

宮田家に保存されているオコゼ

漁師はこのオコゼを包んである和紙を一枚貰って現王神社に宝猟の祈願に行く。獲れたら肉片を同神社に奉納する。

現在は、もらい受けたオコゼを包んであった和紙を現王神社の神に見せ、猪や鹿が獲れることを祈る。オコゼには海オコゼと川オコゼがあるが、宮田家に保存されているのは川オコゼである。古くからあったものとみえ、かなり干からびている。宮田家では、オコゼを包んである和紙を猟師に一枚剝いで渡し、その後、新しい和紙を加える。オコゼは醜い魚であるが、器量に自信のない女の山の神は、それを見て喜ぶという。

さて、泊野の現王神社の大祭は、平成二十三年度は十一月二十四日㈭にあった。筆者も参加させてもらった。泊野の集落の人々が、朝八時に宮田公民館に集まり、注連縄や御幣などを作って祭りの準備をする。その後、ゴック（赤飯。御供の意か）といって小豆飯（赤飯）をワラ皿に入れて供える。野菜や鯖も一緒に飾る。

午前十時頃、現王神社に行き、神事を行う。その最中に集落の子どもや大人たちが樫の木や竹、青草を切ってきて境内で火を焚き、燻らせ始めた。メダケを焼いて近くの石の上で叩いて鳴らせる。火の中では鳴らせるのをツボスルというが、鳴らせることはない。もし鳴らせたら薪を採ってくるよう命じられる。神事を行っている拝殿や神殿に向かって、煙をあおいで送る。神事を行う人たちは、とても煙たそうにしていた。その意味を聞いても、誰も分からないという。

祭りが終わったら神に供えた鯖を焼いて皆で分け合って食べた。筆者も一切れ頂いたが、それはそれは美味しいものであった。午後十二時に祭りは終わり、公民館で直会《なおらい》がなごやかに行われた。祭りはホゼ（方祭）に合わせて行われる。

煙を扇ぐ
祭りの日は、火を焚いて煙を神殿と拝殿の方へ扇いでやる。

【解説】

① 煙を神殿のほうにあおいでやるというのは、神をいじめ、そのことによって神が発奮して、神としての力を増し、村人に御利益を与えるということを意味する。一種の感染呪術である。

感染呪術というのは、接触していたものに因果関係を見いだすことで成立する呪術である。南さつま市の大浦では、お伊勢講のとき、神祠を叩いたりするが、これも神を怒らせ、威力を高めるためである。

② 神に供えた鯖を焼いて食べるのは、どういう意味があるのだろうか。八代市日奈久東町では、十二月十五日（以前は旧暦十一月十五日）に山の神祭りが行われるが、山の神へ鰯を供え、その後、村人が焼いて食べる（熊本民俗文化研究会編「八代の民俗」一九九六年）。薩摩川内市城上町の内村山の神の祭りでは、きびなごを供えるという（福元忠良氏　一九九七年）。旧東郷町津田の万右衛門様の祭りには、高級な魚は欠かせないとされる。紫尾山地から熊本県の山地の山の神には、魚を供える風習があるのだろうか。

肝属郡錦江町池田の旗山神社の正月の柴祭りでは、神官が藁で作った猪の人形を、弓で矢を射た後、近くで火を焚いてシトギを焼き「ダーン」と鉄砲の音に似せた声を発しながら食べる。これは明らかに猪の肉を食べる模倣呪術である。それは豊猟を願う予祝であるが、泊野で鯖を焼いて食べるのも猪の肉を焼いて食することと同じ意味があるのではないか。もっとも昔は、農山村では海の魚は貴重品であったことも考慮しなければならない。

(7) 現王様が休まれた薩摩川内市城上《じょうかみ》町吉川《きちかわ》

これについては福元忠良氏の玉稿「吉川　ヤマンカンと平家落人伝説——城上の歴史をさぐるⅡ」（一九九九年）を参照しながら紹介していってみよう。この論考は、綿密な調査にもとづき深い考察がされており、さらに後の方では、正確に解読された棟札や置札が資料として紹介されている。『高城村沿革史』には「城上村吉川に現王神社あり（略）神体は石、享徳三年（一四五四）甲戌

城上町吉川の山の神神社

十一月（略）例祭十一月二十三日」また、「寛永三年（一六二六）八月、城上村長野に現王山神社を創建す（略）身体は石、例祭を十一月十六日とす」と記されている。

これによれば、旧高城町城上には現王神社が二社あることが分かる。長野現王神社は、現在の産土神社に合祀されている。吉川の現王神社は合祀があったりして盛衰を繰り返すが、嘉永元年（一八四八）には再興されている。

棟札を見ていくと「寳四年亥之二月吉祥日」に「奉寄進現王尊神御弊一洗」を施主であるビワノ門の吉之蒸が寄進している。吉之蒸はこの年に金幣も寄進している。福元氏は、宝永四年（一七〇七）は丁亥、宝暦四年（一七五四）は甲戌であるから「寳」は「寳永」で「永」が脱字になっているのだろうと推測しているが、適切な判断だと思われる。

続いて、嘉永元年（一八四八）申九月九日に「奉再興現王山之神威光所壱宇」が和田門の代八が再興願主として記されている。

吉川には、現王様が出水の折口《おりぐち》に着かれ、高城の吉川で休息されたという伝承が残っている。ここでも、現王様を山の神として崇め、豊猟を祈願していたことが分かる。

3　日光修験とは

①　日光修験

向山勝貞は、『川内川流域民俗文化財緊急調査報告書Ⅰ』と『鹿児島大百科辞典』で、現王神社は紫尾山地だけにみられる特色ある狩猟信仰で、万右衛門の名から推測されるように日光系の狩猟関係巻物の万次・万三郎の伝承と関係があるのではないかと報告している。前に長曽我部光義が『六十六部廻国供養塔』でも指摘したのと同様のものであるが、向山のほうが早く指摘している。筆者もそのように日光修験系の狩猟秘伝書が何らかの形で伝わってきたことは間違いないと考える。それでは日光修験とはいかなるものであろうか。

日光の名称は保延四年（一一三八）の清滝寺《きよたきでら》の大般若経奥、同七年（一一三九）の『中善寺私記』を初見とする。日光修験は、関東の日光連山を行場とし、奈良時代の勝道を始祖とする修験である。勝道は、日光の地に初めて足を踏み入れ四本龍寺を創建した。その後、補陀洛《ふだらく》浄土の霊山である二荒山《ふたらさん》の絶頂に至ろうとして苦修練行し、遂に元応二年（七八二）に大願を成就した。

鎌倉時代には、鎌倉幕府の頼朝の帰依僧である二四世座主辨覚《べんかく》法印が日光修験の行方《ぎょうがた》に熊野の行方を加えたとされている。日光山は文安年間（一四四四〜四九）にすでに入峰《にゅうぶ》修行の日数、規模などが整備され、その盛況が窺われた。江戸時代に入り、天海大僧正が天和三年（一六一七）遺命により、神君徳川家康の遺骸を日光山に移し、一実神道《いちじつしんとう》（両部習合（密教で金剛界と胎蔵界の二つ）神道の一つ。中古以来天台宗の仏徒によって唱道されたもの（石田瑞麿『例文　仏教語大辞典』））によって神廟を創設し、別当大楽院を建立した。後に後水尾天皇の皇子一品守澄法親王が承応三年（一六五四）第五四世日光山門主として上野東叡山《こうづけとうえいざん》門主も兼務することになる。翌明暦元年（一六五五）院宣により日光山門主を改め輪王宮の号が贈られた。これが輪王寺門跡の始まりで、歴代の法親王門跡が統括するようになった。ここに東照大権現が鎮座する地として日光山が脚光を浴び、明治維新まで二五〇年の歴史を展開してきた。比叡山《ひえいざん》、東叡山（寛永寺《かんえいじ》）と並んで天台宗の総本寺と称されていた。

そのような権威ある日光修験の秘伝を持つマタギの狩猟習俗は、熊狩りだけでなく猪や鹿などの大形野獣の狩猟法に何らかの刺激なり革命を起こしたことが考えられる。

②「日光山縁起」と「山立由来記」

室町時代中期の『日光山縁起』によれば、有宇《ありう》中将（男体権現）の孫である小野猿丸が、大蛇の姿の日光権現と百足《むかで》の姿の上野国赤城明神《あかぎみょうじん》の神いくさに、日光権現を助けたことなどが記されている。千葉徳爾によると、小野氏は日光権現の神官の一人で中世には勢力があったが、近世になると力が衰えて日光にはいなかったという。至徳元年（一三八四）に金剛仏子貞禅が書き、慶長十九年（一六一四）に頭太夫長宗が書写した「日光山縁起」（越後国蒲原郡鹿瀬組実川村農民某所蔵）には「爰に上野国赤城大明神と湖水のさかいをあらそいひ給つつたひたひ神軍あり、日光権現、鹿島大明神にこのことを申合給ひければ鹿島の大明神、仰けるは奥州の御孫猿丸大夫ゆゝしき弓《ゆみ》取《とり》（弓術に優れている人）なり。かれを御馮《たの》みあて御本意をとけらるへきとあり」とある。

これについて千葉徳爾は、全国各地を遊行した小野氏一族のうち、下野、会津、越後などに分住する小野氏が一族の眉目《びもく》、即ち誉れとして語り伝えたものに、後に日光山との結合を取り入れたのではなかろうかという解釈をしている。この話と同系統のものが東北地方の狩猟民の間では、猿丸に相当する猿王が、日光神から狩猟の権利を得たことになっている。

「山立《やまだち》由来記」は、日光権現を助けた狩人の名は万三郎あるいは万事万三郎となっている。小野の名は全く失われている。物語は日光山縁起の形を借りているが、神を助けた猟師は既にその子孫とは全く関係を持たない。つまり、我が氏の誇りとしてその出自を語る必要はなかったのである。

4　若干の考察

(1)　現王信仰は貴種先祖観と一族の繁栄を願う

現王様のお供としてやって来た津田、小田原、折小野などは、地名であるとともに姓ともなっている。折小野集落はほとんどが折小野姓である。これが家系に導入されて、その子孫だという家があり、現在も冠婚葬祭や農作業など一族が助け合っている。笹野の道清も同様である。そうすると、神として祭られた人を先祖としたり、貴種を先祖としている家が存在していることになる。

これは、先祖を神話や歴史上の著名な貴族、武将などと関連づけてみずからの家を権威づけようとするものであるが、同時に現王様一族の団結と融和を図ろうとするねらいも持つ。また、現王様のお供は、それぞれの土地の切り開け殿、開拓主ともなった。薩摩藩の門割《かどわり》制度が整っていく過程で、それぞれのお供は門の名頭となったりして一族を率いていく。そして、現王信仰伝説を取り入れ、変遷させながら、同族意識を高めて団結していくのである。

(2) 現王信仰は、いつ誰が伝えたか

① 斑目《まだらめ》氏による流入説には疑問がないか

明治年間に、泊野神社氏子代表小向井伝吉から出された「鹿児島県庁社寺宛泊野神社昇格願書」には、『山崎郷土誌』を引用して、奥州出羽の国（山形、秋田）から建久（建永の間違い）の頃（建永 一二〇六〜〇七）、斑目六郎橘以広入道聖恵が祁答院に乗り込んできたが、その子孫である斑目兵衛泰基が現王神社を建立したと記されている。

『祁答院記』によれば「祁答院一分地頭　斑目六郎聖恵　右族姓者出羽国斑目住人橘以広者実朝将軍家之時建永之頃使住居出羽国而有故下向薩州」とある。また、『三国名勝図会』には「建

永之頃、祁答院一分之地頭、斑目六郎以広入道聖恵なるもの、出羽国より祁答院に下向し、其裔孫にや、斑目兵衛尉泰基なる者も、祁答院に地頭たり」と記されている。斑目氏系図によると、渋谷重松の一腹舎弟である泰基が斑目家を継いだことになっている。

現王神社の氏子代表小向井伝吉は、由緒不明の神社を権威づけようとして、出羽国から下向した斑目氏が建立したとして昇格願いを書き記したのであろう。

俵藤太のむかで退治が巷間に流布したのは、室町時代の御伽草子『俵藤太物語』によるものである。もっとも俵藤太の呼称は『太平記』（巻十五）に載せられており、説話の形成は十四世紀以前に遡るものとみられる（野口実『伝統の将軍藤原秀郷』）とされる。そのため斑目導入説は時代的に疑問は残る。この伝説が主に旧東郷領に広がっていることに、小向井伝吉は気がつかなかったのだろうか。しかし、出羽国と関係があるのではないかという点を指摘したのは注目すべきである。即ち、マタギ集団が来たのではないかという伝承が氏子の間には存在していたのではないか。

②　渋谷東郷氏時代の日光修験流入説

ア　現王神社や現王信仰伝説が残っている地域は、東郷氏が領した東郷十二か村の内である。現在さつま町である旧山崎郷の泊野村、白男川村、二渡村は東郷領であった。そのことから東郷領または東郷氏に関する修験道流入伝説の一つであると考えられる。

イ　旧東郷町宍野にある現王神社に天文十七年（一五四八）十一月七日　東郷第十五代重治建立の棟札があるということになっている。十三代重信の頃は高城を領有したり、十五代重治は出水の島津勢の島津義虎と戦ったりして武勇を振るった時代である。しかし、十六代重尚は、島津家第十五代貴久の時、島津氏に屈服した。

そのような戦乱の中で、中世から近世にかけて盛んになった修験道文化が紫尾山麓に流入し、紫尾山は一大修験道場になった。渋谷東郷氏の中にも修験者となった人がいる。そのような時代的背景の中で、霊験あらたかな日光修験系の現王信仰が、紫尾神社を建立し、紫尾山の山岳信仰に熱心な渋谷東郷氏の下で盛んになっていったことは十分、頷けることである。

③ 現王とはどういう意味か

それでは、現王神社あるいは現王山の神の意味は何だろうか。それは、現人神《あらひとがみ》と呼ばれる霊験あらたかな人神という意味である。

千葉徳爾があげている例であるが、豊前下毛郡山国町槻木の老猟師は、猪鹿を得て山の神に感謝する時、マル（心臓）を縦に切り裂き、その内側を縦に五回さらに縦に創をつける。その一回ごとに次の唱えごとを唱えた。1 山に山の神 2 川に水神 3 海に竜宮 4 宗の別当 5 アドの四郎 6 英彦山カリゴメの竜宮 7 ホカイ奉る火の神（水の神）。このうち4と5は有名な猟師の名である。「肥後国志」に次のような例がある（仮名およびカッコは筆者がつけた）。

（前略）大津（現在の熊本県菊池郡大津町）手水、古城村大河原、総太坊屋敷跡（中略）、天文ノ比《ころ》、正敷訳《まさしくわけ》アリテ世ヲ逃レ山谷ニ潜《せん》シ、鹿雉類ヲ獲《え》テ薄命《はくめい》を継シト云。川芥（著者）云。猪鹿ヲ射ル事、千頭ニ充《みつ》レバ、塚を築キ僧ヲ召《めし》テ供養シ、誓《ちかい》テ云。我世を逝ラバ山神ト為テ、何レノ境

ヨリ何レノ山マデ守護スヘシト遺言シ、其霊留マリ、山神ト為ルト云習ハセリ

この文のおおよその意味は、大津手水の古城村大河原に総太坊の屋敷跡がある。天文時代（一五三二〜五五）のころ、（総太坊は）まさしく訳があって世を逃れ、山谷に潜に住み、鹿や猪類をとって不幸せな命をつないでいたという。川芥と著者が言うには、猪や鹿を射て千頭にみたったら塚を築いて僧侶を呼んで供養して欲しい。誓って言うのだが我が世を去ったら山神となってどの境からどの山まで守護してやると遺言した。（これは）その霊が留まって山神となる習わしである。

千葉徳爾は、この狩人、総太坊が行者めいた修験系の宗教者であることが気になると言っている。総太坊は、荒人神《あらひとがみ》となったのである。柳田国男が「修験者が狩人であったのではないか」と指摘しているが、これは的を得ているようである（以上、千葉徳爾『狩猟伝承研究』）。

曽我部等は、猟の名人で千頭なり百頭の猪や鹿を獲った人を荒人神と言っていることから現人神に通ずるのではないかと言っている。現王とは、人神の意味があるというのであるが、これは重要な指摘ではなかろうか。紫尾山では現王様は、弓の名人、即ち勝れた狩猟者であった。亡くなった後、人神という意味でアラヒトガミとして祭ったことが考えられる。現王神社は、人神である現王様を祀ってあると考えるのが適切である。

④　現王様はいつの時代の人か

それでは、現王様は、いつの時代の人なのだろうか。紫尾山麓では宍野現王堂の天文七年（一五四八）に東郷十五大重治が奉納した棟札までしか遡ることはできない。『宮崎県地名大辞典』（角

川書店）の「現王城」では、暦応二年（一三三九）の畠山義顕証判大友宗雄軍忠状にその地名が見えるとある。長曽我野等は、そうであれば南北朝以前に遡ることが可能であると述べている。現在のさつま町や薩摩川内市東郷町に「現王」や「現王原」の字が存在していることから、鎌倉時代から室町時代にかけて修験者が地方に下ってきたり、熊野先達職を配置するころ、日光修験の影響で現王様が登場してくるのではないか。これは、今後の大きな研究課題である。

(3) 俵藤太（藤原秀郷）の子孫あるいは家来の意味

さつま町泊野の宮田家は俵藤太の子孫あるいは家来だとされていることについては前述した。藤原秀郷、俗称俵藤太は十世紀初頭の武人であるが生没年は不詳である。戦国期以降の武門には蒲生氏、小山氏、佐野氏、赤堀氏など彼の後裔と称する家々が多い。その武勇の伝承は平将門の乱に将門を討伐したことや近江琵琶湖での神戦援助の話が名高く、後者は「俵藤太絵巻」によって有名となっている。

俵藤太の子孫といわれる一族は、全国に多く見られる。例えば、宮崎県西都市銀鏡神社の別当鈴木姓は、紀州熊野出身であり藤原の一流である俵藤太の子孫であるという系図が残っている。俵藤太の「俵」は炭焼きに、「藤太」は井戸掘りや鍛冶、鉱山採掘に関係するといい、むかでは鉱脈を指すという見解もある（若尾五雄『黄金と百足』一九九四年）。日光権現が男体山を狩り場と認める話から狩猟民の伝承にも取り入れられていった。秋田県大館市葛原の老犬神社の別当木地氏に伝わる猟師免許状に「俵藤太末孫定六と申す又鬼《またぎ》」とある。

藤原姓や秀郷を祖とする狩猟伝承は、米良山地や大隅、薩摩、四国山地、三河山中、奥州など各地に存在する（長曽我部光義著『六十六部廻国供養塔』二〇〇四年）。このことは、東北のマタギの狩猟伝承と関係があるのではないだろうか。

(4) 現王様のお供、津田ノ万右衛門とは

山形県立石寺《りっしゃくじ》は山形県山寺《やまでら》にある平安時代初期からの古刹で、天台宗。宝珠山と号し、俗に山寺または岩屋《いわや》と呼ばれる。慈覚大師円仁《じかくたいしえんにん》を開山とあおぎ、その高弟安慧を開祖としている（今泉淑夫編『日本仏教史大事典』）が、ここの伝えによれば、昔、盤（万）事万三郎というマタギが、この地を中心に狩りを行っていた。その頃、開山慈覚大師がこの境域を仏法弘通の地として朝廷からいただいた。そこで、慈覚大師は、万三郎にこの地を乞うた。万三郎は、その申し出を受け入れ、狩り場を譲って立ち去った、その時、獲物となっていた鹿や猪などが喜び踊ったのが、この地に残っている鹿踊《ししおどり》である（現在、これは「狩り踊り」といわれている）。

新潟県北魚沼郡湯之谷村下打谷の星秀文氏文書は万三郎自身が署名した形をとっており、日光系狩猟伝承の原始系に属するものである。一部を紹介してみよう。

抑山立始者高喜元年也、仁王五十六代之帝者清和天皇奉申、其頃関東下野国日光山麓ニ万治三郎云人有是、然者弘名天皇九十三代之末孫也、下野国日光山麓住給、此人天下無双弓之上手

也、天飛鳥迄声聞者射落無云事、依之山行鹿猿色々ト獣射刹（殺か　千葉）身命続　月日遊給㒵（略）山ニ而獅鹿猿喰事日光権現ヨリ御免成給者山之神万三郎而御　座呷ス也

この記録のおおよその意味は、そもそも、山立て（マタギ）の始まりは高喜元年である（高喜元年の意味不明）。仁王（仁王は通常は仁王経の略であるが、ここでは人皇と解し、神代と区別して神武天皇以降の天皇をいう）は五十六代の帝が清和天皇（八五八〜七六）と申されていた。この頃、関東の下野の国（現在の栃木県）日光山麓に万治三郎という人がいた。この者は、弘名天皇（弘文天皇〈六四八〜七二〉の間違いか。天智天皇の直系で行方不明になり、関東に潜行の伝説を持つ　千葉徳爾）九十三代の末孫である。下野の国日光山麓に住んでおられた。この人は、天下無双の弓の上手で、天を飛んでいる鳥まで、声を聞くものすべて射落とすのは云うまでもないことであった。これにより、山を行く鹿や猿などいろいろな獣を射殺することに身命を注いでおられた。（略）山で猪や鹿、猿を食べることを日光権現からお許しをいただき、山の神万三郎となったのでございます（古い猟師が山の神になったという伝承をふくんでいる　千葉徳爾）。

もともと、口伝であったので、歴史上の人物や元号が混乱しており、解読が難しい。なお、福島県南会津郡伊北村田子倉の皆川平氏文書「山立て家図」では、万三郎の先祖は「大職冠鎌足」となっている。

抑人皇五十六代清和帝之御宇貞観元年ノ時ニ当リ下野国日光山の麓ニ万三郎為信ト云人　有、其先祖ヲ尋ルニ大職冠鎌足公ノ後胤ニテ天下ニ名ヲ得タル弓之名人也故有テ此山ノ麓ニ住居ス

（後略）

このおおよその意味は、そもそも人皇五十六代清和天皇の御宇、即ち世で貞観元年（八五九）時に下野の国日光山の麓に万三郎為信という人がいた。その先祖をたずねると大職冠鎌足公の子孫で天下に名を得た弓の名人である。この山にすむ鳥獣を射て日月を過ごしていた。鎌足は藤原鎌足のことで藤原氏の祖とされ、中大兄皇子らと大化の改新に参画した人である。

会津や越後、津軽などの「山立由来記」や「山立根元巻」では、皇室の子孫である万治三郎が日光権現を助け、赤城明神の変身である大百足または大蛇の両眼を射たとある。その礼として、日光権現は、日本各地の山々で狩りができるように朝廷に奏請し、それが許された。以来、万三郎は日光山麓に正一位伊佐志大明神として現れ、山立ての祖となったとある。山立て、あるいは山立ちとはマタギの旧称である。

万三郎が大百足の姿をとる赤城大明神を射るところは、俵藤太が、琵琶湖にすむ竜神の乞いにより近江比良山（三上山）から来襲する百足退治の話に類似し、伝承相互の親縁関係を示すものである。柳田国男は万三郎の伝承と近江以来の百足退治とが組み合わされたものと見ている（柳田国男「神を助けた話」一九二〇年）。また、羽後百宅《ももやけ》（秋田県本荘市鳥海町）のマタギの長老は万三郎は俵藤太のことだと語っている（千葉徳爾『狩猟伝承研究』一九六九年）。

(5) 九州には熊がいたのか。またそれを獲る習俗があったのか

さて、現王様や万右衛門の話は、日光権現の秘巻であるマタギの「山立由来記」や「山立根元記」を携えたマタギ集団が持ち込んだことが考えられる。マタギは大形野獣の捕獲をもっぱらとする奥羽地方の猟師で、集団で巻狩りをすることが多く、熊の胆嚢《たんのう》を薬に製して各地に訪問販売することを生業としていた。ところで、九州にやってきたマタギは、大形野獣としては猪や鹿がいたが、目指す熊が生息していたのであろうか。

九州山地にいた熊は、ツキノワグマで性格は比較的おとなしく、子連れの母熊以外はまず人を襲うことはなかった。しかし、手負いになると急に獰猛《どうもう》になり人に挑んだという。

『砂土原藩嶋津家日記』の貞享二年（一六八五）三月八日条によると、この年の冬に三納山（現西都市）の狩りで熊を射止めたということが記されている。その時、イヌツキ（勢子役）に褒美として白銀五匁を与えた。また、享保年間（一七一六〜三五）に高千穂町河内の人が役人に強要され熊を射殺した。その後、村に病人が出たので、熊の供養のために熊野鳴滝神社に熊を彫刻して奉納したという。

藩政時代は米良山にも熊が生息しており、相良藩は良質の鷹の雛と鷹の羽三枚（鷹巣山に指定されていたため）、加えて熊皮三枚を将軍家に奉納することを恒例としていた。

昭和三十三年日之影川源流付近で小熊の行き倒れが発見され、その後、同四十四年に北方町の山林で作業員が熊を見たという報告がある。昭和六十二年十一月、笠松山（標高一五二二メートル）の中腹（大分県側）でツキノワグマのオスが射止められた。体重七四・五キログラム、体長一・三六メートル。歯と牙の検査から推定年齢四歳ほどといわれた。現在は、大分県緒方町の町立歴史民俗資料館に剝製となって展示されている。その後、熊を見たという情報は寄せられるが生息が確認されていない（以上、山口保明『宮崎の狩猟』二〇〇一年）。

これは、貞享年間以降の記録であるが、熊は一頭殺すとその猟師は勿論、家族や一族に祟りが及ぶと恐れられていた。マタギの狩猟習俗を持った人でないと熊は射止めることは困難だったことが分かる。

現王様が紫尾山麓にやってきたのは、東郷氏や入来院氏などの渋谷一族が勢力をふるっていたころだと思われる。当時は紫尾山はじめ出水山地にも熊がいたことが考えられる。九州の人たちに熊を射止めることが恐れられていたとしたら、マタギの習俗を持った人たちがそれを専業としていたことは考えられないだろうか。それはあくまで推測である。しかし、マタギは鹿や猪などの大形獣も狩猟の対象にしたので紫尾山はじめ出水山地は格好の猟場であったことは間違いない。

(6) マタギ狩猟集団の組織的団結力と修験信仰が優越意識につながった？

① マタギの巻狩りシステム

マタギの巻狩りは、狩り場を取り囲み、主に、熊・猪・鹿などの大形獣を、勢子《せこ》を入れて追い立てて捕獲する、もっとも組織的かつ普遍的な猟法である。熊狩りの場合は、基本的に六人ないし八人の猟師をもって構成（多くの場合、狩猟集団の七人は忌まれる）し、各役割を分担する。残雪期

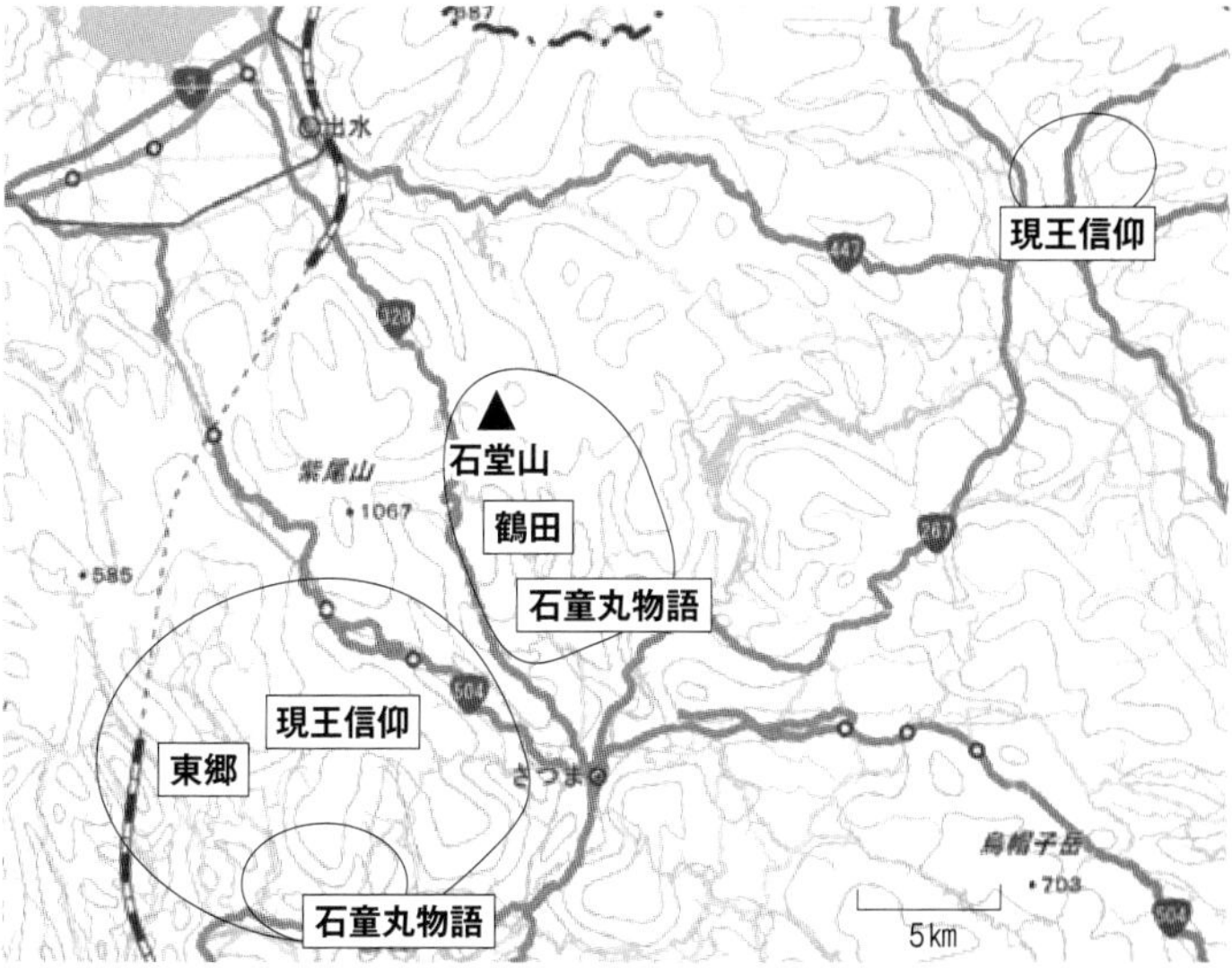

現王信仰と石堂丸物語の分布図（国土地理院）

に冬ごもりの穴から出歩きする熊を発見して捕らえる。猟師組は多年経験を積んだ熟練の猟師を親方として、古参、中堅、新参と連なる序列集団で親方が中心となって統率する。獲物を効果的に捕獲するためメアテ（指揮者）―カリヤス（鉄砲）―セコ（駆り立て役の猟徒）を編成し、メアテは狩場の向い山に陣取って獲物の動きを注視しながら猟師たちに動作や言葉でゲチ（指図）する（石川純一郎『会津の狩りの習俗』二〇〇六年）。

永松敦によれば、マタギの集団は、武士階級から高持ち百姓を中心に構成され、無高の農民を若干含む猟師組織であるという。マタギが日本の猟師のなかで特色があるとすればシステムが明確な形で出来上がっている点である（永松敦『狩猟民俗研究』二〇〇五年）。このようなシステムのしっかりした猟師組織は、紫尾山麓の狩猟者に少なからず大きな影響を与えたことが考えられる。

② 窺われるマタギの優越意識

現王様にお供してきた人々は、日光派といわれるマタギの集団狩猟であった。日光権現の修験狩猟秘伝の巻物を持っていたか、または、システムのしっかりした狩猟集団による狩猟であったために、地元で、余業として狩猟を行う農民達とは違うという優越意識があった。東北で冬場、雪に閉ざされることが多い中で狩猟に頼らざるを得ない厳しい生活観念を持っていたことも一因である。

(7) 石童丸物語との関連はないか

現在のさつま町の旧鶴田町や薩摩川内市の旧東郷町には、高野山信仰にもとづく石童丸の伝承があるが、紫尾山麓に高野聖が広めていったことが考えられる。しかし、これも高野派という高野聖や高野山行人方（修験者）を主導者とするマタギの狩猟集団の影響も大きいと考えられる。『三国名勝図会』に紫尾は「西州の高野山」とか「西州の大峰と号し、入峰修練の侶多くして西州希有の大道場」であったと記されている。

そこには、遺骨を集めて供養する高野聖や修行のための修験者だけでなく、中世から近世の始めに日光派や高野派の修験系のマタギ狩猟集団が藤原の姓を名乗りながら紫尾山麓に多数入り込んでいたことが推察されるのである。

おわりに

紫尾山麓の現王伝説が現実に集落名や姓名などと深く結びついていることから史実として認めなければならないだろう。また、日光派や高野派のマタギの狩猟秘伝を窺わせる現王伝説が伝わっているということは、何らかの形で東北のマタギ集団がやって来たか、あるいはそのような狩猟法と信仰を説く日光修験者や高野山の高野聖、行人方（修験者）などの宗教者が訪れていたことを示すものである。

紫尾山麓には、従来の在地の民俗文化に北からの修験道文化が入り込み、複雑に錯綜しながらも相互に刺激し合い、川薩地方独特の個性的で豊かな高度の文化が形成されてきたことは確かであろう。

第三章　霊山崇拝と現代社会

――冠岳と紫尾山を中心として――

1　山岳信仰と修験道

山岳は古代以来、神霊や祖霊の籠《こ》もる山と言われることから霊山と呼ばれたりしている。そこは、俗なる人里と天界の境界域ともいわれ、神霊や祖霊だけでなく、妖怪や鬼、天狗、山姥などのすみかである。死後の霊魂が赴く異界、他界とも見られている。

山岳信仰は、日本だけに限らず、インドや中国、朝鮮半島など東アジアにも広く認められているが、日本では、縄文時代の山の神信仰、弥生時代以降の稲作とともに水分神《みくまりしん》の信仰、これらを母胎とした山岳仏教、山岳修行を行う修験道の道場として、山岳への信仰が展開されてきた。

山岳は、それ自身の持つ自然の霊力で人々の罪と穢れを癒してくれる。その山で修行し、霊力をつけて人々の罪と穢れを除き、幸せを与えてくれるのが修験者である。山の伝承は、これら修験者の世界観に基づくものが多い。

一時、山ガールという名が示すように、若い女性の登山が流行っていた。その理由については、

「パワーが貰えるから」とか、「そのパワーがラブパワーになり恋が実るから」、「おしゃれとしてアウトドアーファッションを楽しめるから」「細胞が活性化して健康美がアップするから」などと言われていた。

一昔前までは、高齢者の登山がブームであった。ある研究者は、山岳は死霊の帰るところなので、高齢になって死を前にして、その霊の住む山岳へのあこがれを高齢者は持っているのではないか、と推測したりしている。

山ガールにせよ、高齢者にせよ、よどんだ物質文明から一時的にでも脱出して、物質や肉体の快楽を越えた精神の喜びと心の潤いを求めていることは間違いない。日本人は、昔から俗なる空間から聖なる空間を求めてきた。

日本人の心の源流について、安田喜憲氏は「日本人の心の源流は、遠く数千年もの昔にさかのぼる。その一つは縄文の森の心であり、もう一つは長江文明の稲作漁撈の心である」と述べている。そして「我々日本人が再び山岳信仰に強い関心をいだき始めたのは、新たな時代の精神の到来を渴望する動きが、すでにはじまったことの証拠ではあるまいか」(『山岳信仰と日本人』二〇〇六年)と、新たな時代の幕明けを予兆している。

経済成長の停滞期に入り、失業や非正規社員が増え続け、苦難の時代を迎えた日本。政治的、経済的施策は勿論、新しい哲学や精神文化が希求されている現在、安田氏の予兆には、無関心ではいられない。

修験道について宮家準氏は、「修験道は、我が国古来の山岳信仰が、北方シャーマニズム、仏教、とくに密教、道教などの外来宗教のもとに古代末に宗教体験を形成したものである」と述べている。北方シャーマニズムというのは、自己または他者に神つけをする精霊操作の技法を有するものであるが、その「他界になぞえられる山岳の神霊の力を体得し、さらにそれを操作する験力《げんりき》を得、その験力を用いて呪術宗教的な活動をする修験者（山伏）を中心としている」と説く。日本人は、古来から山岳や海などの聖地を里から拝み、そこにいる神霊の助けを求めてきた。その神霊を里に招いて祀るのに重点を置いたのが神道である。それに対して修験道は「積極的に聖地に入って修行し、そこの神霊の力を身につけて活動する宗教者を中心としている」（『修験道と日本宗教』一九九六年　春秋社）と定義している。筆者も宮家の説が適切と考えている。

冠岳や紫尾山では、古来、熊野修験の影響が強く、修験者や真言密教系や天台密教系の僧侶や行者が活躍していた。彼らは、山で修行し、験力をつけて里に下りてきて病気を治癒してやったり、様々な人生相談に乗ってやったりして、人々の幸せを願ってきたのである。

2　水分神としての霊山

山岳には、山の神がいるのであるが、しかし、同時に山は水の源である。そこには、山の神と共に水分神がいる。麓の人々は冠岳の清らかな水の恩恵を受けてきた。

（1）ニイダケノボイ（西岳登り）とモノメイ（物参り）

四月十五日は、ニイタケノボイと言って、川内地方（現薩摩川内市）の人々は色めきだつ。この日、人々は、冠岳に登り、冠岳神社や西岳の神へお詣りに行く。その登山道路は、永利町《ながとしちょう》の山中、浦田、隈之城町の大原野、串木野市下名《しもみょう》の芹《せり》ケ野《の》が主であった。

宮崎町の原集落では、ニセ（二才　青年のこと）が連れだって朝五時に起きて登って行った。ニセが心身を鍛える鍛錬の意味もあったという。西岳の頂上に着き、朝日を拝んで万歳三唱をした。普通、下山するときは山中を通って下りた。つつじを根付きのままで引き抜いて持ってきて庭に植え、しば花（柴花）を取ってきて墓に供えた。芹ケ野に下りた時は、そば（蕎麦）を各家で作っており、知り合いの家で、ご馳走になった。寄って食べないと、知人は縁を切ったのではないかと機嫌が悪かったりした。

木場茶屋《こばんちゃや》ではこの日は馬頭観音祭があり、木場茶屋

薩摩川内市隈之城町仏餉《ぶっしょ》橋から見た冠岳
頂上が冠状になっているのが分かる。

冠岳の西岳

駅より川内側にある馬頭観音を祀ってある丘で、シャンシャ馬が出て、賑やかに馬踊りがあった。その下の鉄橋の近くでは、飴やお菓子などを売る出店が出ており、子どもたちを連れた買い物客で賑わった。出店は、現在の前田商店の前あたりの旧道に並んでいた。

シャンシャ馬は、地元川内だけではなく、湯之元や串木野からも来た。串木野の野下《のした》は上深田《かみふかだ》と交代でシャンシャ馬と手踊りを出した。野下には、串木野一と言われる太鼓叩きや三味線弾きがおり、踊りに熱心であった。

芹ケ野では、ニイタケノボイをした後、家でそばを食べた。川内から嫁に来ている家が多いので、親戚や知り合いが立ち寄って、そばや寿司、おにぎりなどを食べた。皆、ニイタケドン（西岳殿）から、さかしば（榊柴）をかずらで巻いて取ってきた。それは、墓に供えられる。

芹ケ野の楮山三郎氏も、シャンシャ馬を雇って、祭りに出したことがある。馬主やその付き添い五、六人を湯之元から雇った。その中には、笹竹を馬の足元に差し出して、サラサラと地面をこすると馬が元気よく踊り出すという名人もいた。

浦田では、日支事変の時、結婚した妻が子どもを背負って冠岳に登って、夫の無事を祈ったという。それは浦田の女性だけではなかった。出征した夫や父や兄弟の無事帰還を熱心に冠岳の神に祈願した女性は多かったのである。ニイタケノボイをした人たちには、たとえ、知り合いでなくてもそばが振る舞われた。冠岳の神を一緒に祭りましょうと言って食べさせてくれるのである。時には焼酎も出されて、気持ちよく酔っぱらって、フラフラしながら川内まで帰って行く人をよく見かけた、という。

矢倉町《やぐらちょう》や尾白江町《おじろえちょう》などでは、友人と一緒に登り、下山するときは山桜の枝を折ってきて、墓に供えた。一方、いちき串木野市生福《せいふく》では、三月節供の翌日、四月四日に西岳神社に「モノメイ(物参り)」に行った。西岳神社の祭典は、昔から生福で行っていた。この日は生福の人々の参拝客で賑わった。この日は特に新婚夫婦や、その年に他所に嫁に行って、祭りのために生福に帰ってきた女たちが、お詣りに行くことになっていた。この日は、親類の人たちが祝い金を包んでくれた。モノメイの日には、西岳神社を拝んだ後、中岳を通って冠岳神社に行き、お詣りした。集落のニセたちは、新婚夫婦や女性たちに先回りして、わざと枯れ木を横倒しして道をふさいだり、道に生えている草の先を結んだりして、若い嫁を転ばそうとした。また、冠岳の横を流れている川の水を飲むふりをして、通りがかりの若い嫁に水をかけたりしたという。

さて、川内地方の四月十五日のニイタケノボイや串木野地方の四月八日のモノメイは、田の神を迎えに行く春山入りの性格を帯びていないだろうか。山の神は、春、農耕が始まると里に下りてきて田の神になるという。これは南九州だけでなく全国に分布している。高山町《こうやまちょう》や内之浦町《うちのうらちょう》(ともに現肝属郡肝付町)などの若者は三岳《みたけ》(国見山・黒尊岳《くろそん》・甫与志岳《ほよしだけ》)参りをする。前の夜は潔斎して身を浄め、翌日は早朝に出発して三岳を駆ける。下山するときは岳ツツジを手折ってくる。集落に帰ると、女や年寄りたちが坂迎えをしてくれる。ツツジは集落の各家庭へ配られる。それらは仏壇や墓、集落の田の神や水神に供えられる。これは明らかに田の神迎えである。

冠岳で、下山してきた人々に、そばが振る舞われるのは坂迎えである。さかしばや山桜の枝を集落に持ち帰って仏壇や墓に供えられるのは、田の神迎えなのである。

そして、十月八日のニイタケ講で、代参が西岳に登るのは、お世話になった田の神を送っていくという性格を有する。三岳メイ(参り)は、それを遂行した青年たちは「嫁たもれ」と言って、良い嫁をくださいと言って、嫁を迎えることができるという。冠岳にはそのような伝承はないが、串木野生福の四月八日の新婚夫婦がモノメイする姿は、嫁を貰えた、嫁に行けたことに対する感謝の行事ではなかろうか。

したがって、冠岳の四月十五日のニイタケノボイは霊山からの田の神迎え、十月八日のニイタケ講は霊山への田の神送りという、民俗宗教的な性格を有していることを示してくれるのである。

(2) 冠岳のニイダケ(西岳)講

薩摩川内市の南部、大原野川、百次川《ももつぎがわ》、勝目川《かうめがわ》沿いおよびそれらが合流する隈之城川《くまのじょうがわ》流域の平野に点在する人々は「ニイダケ（西岳）講」を昔から催してきた。西岳の清浄な水を与えたくださったことへの感謝と、稲の豊作を祈願する祀りである。清浄な水は、飲料水だけなく稲作用水として人々と緊密な繋がりがある。そこには、西岳の神が水を与えてくださるという霊山信仰が生きており、信仰と共に清浄な水を利用してきた人々の敬虔な宗教生活が存在しているのである。

冠岳は、薩摩川内市といちき串木野市との境にある山で、別名を西岳《にしたけ》とも言っている。特に、薩摩川内市の人々は、ニイタケドン（西岳殿）と、崇拝に満ちた愛称で呼んでいる。標高五一六メートル。頂上からは霧島連山や桜島、吹上浜《ふきあげはま》などが見え、その眺望はすばらしい。

【事例1】矢倉町のニイダケ講

講の目的は、西岳から流れ出ている勝目川の農業用水へ感謝することである。稲刈り前の十月八日に、集落の代表二人が、朝八時頃、冠岳に登る。矢倉町には上、中、下の三つの集落があるが、それぞれ二人ずつ代表が出るので、計六人で登山する。一行は、東岳の冠岳神社まで行ってお祓いをしてもらい、お守り袋を買って下山してくる。時には、西岳まで神官が出向いてくれて、そこでお祀りをしてもらうこともあった。午後零時か一時には代参者は集落に帰り着く。お守り袋が届かないと、講は開けない。矢倉町中には昭和二十年当時、戸数十五戸であったが、講を行う会所《えしょ》は一年交替であった。触れ役は会所の人が依頼する。会所の人と触れ役は、各戸から米「ゴヒトッ」（二合五尺）と野菜を集める。料理は、鶏の煮付け、「オカベ（豆腐）」一丁、ご飯、なます。それに焼酎が出る。料理は、一人一人お膳に載せて出される。

代参者は、冠岳に登る時は、ちょうど秋でムベ（ウンベ　あけび）のなる頃であるので、それをちぎってお土産にしたり、自分でその場で食べたりした。そのため、帰りつくのが遅くなることもあった。

お守り袋を会所の人に渡すと、それは床の間に供えられる。それに向かって二礼二拍一礼して、会所の人が代参人に「御苦労さんでした」とねぎらいの言葉をかけ、簡単な挨拶をする。その後、料理を食べ、焼酎を酌み交わして宴が賑やかになる。人々はかねて、からいもを主体とした粗食であった。この日の米の飯は何よりも美味しいご馳走であるので腹いっぱい食べる。普通、二時間ほどで解散する。講の焼酎代、醤油代、砂糖代などにかかった経費は、各戸で分担し、その場で徴集する。

矢倉町中で聞いた話であるが、講が催される十月八日は、稲が熟す前であるので、前年の米を使用しなければならない。貧乏な家では、講に使う米が残っていない。そこで、「グルイガイ（周苅り）」をする。この頃は、まだ熟していない稲であるが、田圃の脇の方は肥料がきいたりして成就するのが早い。その米を刈って準備するのである。

このニイダケ講は、昭和二十四、五年頃で絶えてしまった。当時は、田の神講もあり、各家ではからいも餅をついて食べた。

【事例2】宮崎町のニイダケ講

講の目的は、西岳からいただく水への感謝、家内安全、それに相互扶助である。稲刈り前の十月八日、代表二人が冠岳に登り、東岳の冠神社まで行き、お祀りをしてもらって、お守り袋を買ってくる。朝八時ごろ出発して、昼過ぎには帰ってきて、会所の人にお守り袋を渡す。

会所の人と触れ役二人（前年の会所の人と、翌年の会所の人）が米「ゴヒトッ」（二合五尺　この集落では特別に作られた枡《ます》が準備されていた）と野菜を貰ってまわった。会所は一年交替である。講では、床の間に供えられたお守り袋に向かって二礼二拍一礼して、会所の人が簡単な挨拶をする。料理はオカベ一丁、鶏の炊きご飯、阿多大根のなますと焼酎。鶏の炊き込みご飯は大変なご馳走となるが、鶏の身（肉）を探し出すのに苦労する。そこで「トーイ、トイ、トイ、トイ」と言って、鶏を呼ぶような声を出して食べる人もいて笑いを誘った。如何に、この講が楽しみであったかを古老は、昔を思い出すように語ってくれる。

必要経費は、各戸に割り当て、その場で徴集した。ここでは、無尽と言って、皆が、掛け銭をし、この場で籤《くじ》を引いてお金を落とした。しかし、当分お金の必要でない人は、お金に困っている人にその権利を譲った。相互扶助の性格も帯びていたのである。

ニイダケ講は、昭和五十年代まで行われていたが、現在は田の神講と習合している。田の神講は現在も続いており、三月の丑の日、夏の六月頃、十月の亥の日年三回行われる。以前は年四回行っていた。会所は持ち回りである。各家では餅を搗いた。

ニイダケ講は、同じ宮崎町の赤沢津《あかざわつ》でも昭和二十年代まで行われていた。

【事例3】勝目町のニイダケ講

目的は、西岳からいただく水への感謝と家内安全である。勝目町は西岳の麓にあるため、田の用水だけでなく、冷たくて美味しい飲用水への感謝の気持ちもある。

代参二人が、冠岳神社まで行き、お祀りをしてもらってお守り袋を買ってくる。午前八時頃出発して、昼過ぎには帰ってくる。お守りを、会所の人に渡して、午後三時頃から講が始まる。普通、代参は会所になる人が行くことが多かったが、会所が女所帯である場合、他の家の男性が替わって行っていた。

鶏は、普通一貫五百匁、三〜四匹つぶした。料理は鶏の炊き込みご飯、鶏の煮付け、里芋でんがく、なます、焼酎であった。米は一戸当たり五合集めた。野菜は持ち寄り。五升炊きの羽釜で炊く。醤油や砂糖は会所で出す。

鶏の炊き込みご飯は、男の人は五、六杯は食べた。普通はからいもを主にしたご飯ばかりであり、中の鶏のミは取り出して家で待っている子どもたちへのお土産とした。そのため肉の確保に必死であった。皆、最初にご飯がつがれる時は、お腹の調子が悪いので、少し下さいと会所の人に頼む。最初は鶏の肉が少ししか入っていないからである。お代わりのため、しゃもじの「トイクランゴ（取り競争）」が必死である。五つ、六つあるしゃもじは、休む暇がない。鶏のミを集中的に自分の皿につぐのである。

ニイダケ講は、昭和五十年代まで続いた。田の神講も十月の亥の日に行っていた。この時は、各家でからいもの「ベッタイ（べったり）餅」を搗いた。

現在は、ニイタケ講や田の神講を引き継いで、豊年祭を行っている。

【事例4】 川永野《かわながの》のニイダケ講

目的は、西岳からいただく水への感謝と家内安全。会所の人と触れ役が、米、野菜などを集める。代参二人は、朝八時頃、冠岳に登り、昼過ぎに帰ってくる。講の料理は、鶏の煮付け、おからの油上げ、しらあえ、里芋でんがく、なます、ご飯、焼酎である。

田の神講は、現在も十月の丑の日に行っている。ひょろ長い餅を搗いて、田の神にかろわせる（負わせる）。そのほか女講もあった。

【事例5】 大原野のニイタケ講

目的は、西岳からいただく水への感謝と家内安全。川永野もそうであるが、大原野は、冠岳の真下の山麓にあるので、飲用水への感謝の気持が強い。

代参二人が、冠岳神社まで行き、お祀りをしてもらって、お守り袋を買ってくる。それを床の間に供え、礼拝をしてから講が始まる。料理は、鶏の煮付け、オカベ一丁、里芋でんがく、なます、ご飯、焼酎である。米や野菜は、各戸から集める。田の神講や女講もあった。

(3) 冠岳頂峯院《ちょうぼういん》と来国寺《らいこくじ》

以上、五つの事例を上げたが、西岳から湧き出てくる清浄な水への感謝の気持ちが、冠岳山麓及びその水系沿いの集落では強いことが分かる。霊山への崇敬の気持に並々ならぬものを感じる。このニイダケ講は、一種の水神祭であり、稲作への感謝の祭りでもある。水神は、祭らなければ荒ぶる神となり、祟る。人々は、湧水の涸渇《こかつ》や渇水《かっすい》、洪水などへの恐れをいつも感じている。冠岳の神霊や祖霊から恵んでもらう清らかな水への感謝が非常に強い。ここに霊山の水分神としての信仰が生きていることが分かる。

さて、このニイダケ講という民俗宗教講を誰が広めたのであろうか。かつての冠岳頂峯院の修験僧や真言系の僧侶が普及に努めたことも考えられるが、その頂峯院と交流のあった真言寺は、地元隈之城にはなかったのであろうか。

百次川や勝目川沿い、それらの川が流れ込む隈之城川水系の村々は、薩摩藩政時代は隈之城郷東手村《ひがしでむら》に属していた。そこの祈願寺が、現在、川内市向田町日暮《ひぐらし》にあった本府大乗院末寺の巣山《すやま》来国寺である。この寺は、日暮丘の頂上に鎮座しているお諏訪《すわ》さあ（様）こと南方神社の別当寺である。この寺には、霧島権現廟《ごんげんびょう》もあり、ここで霊山、霧島参詣ができた。ここには、水引泰平《みずひきたいへい》寺《じ》二十世位覚蓬《かくほう》の五輪塔墓が残されている。これを建てたのは、弟子の来国寺住覚恩《かくおん》で文化三年（一八〇八）のことである（『川内市史　石塔編』一九七四年）。この覚恩は、後に冠嶽山頂峯院鎮国寺《ちんこくじ》の末寺、千徳院の五十八世座主として迎えられ（『新編　串木野市文化財要覧』二〇〇三年）、文化十五年に亡くなっている。このことから、頂峯院と来国寺との交流が、行われていたことが分かる。

因みに、高城《たき》郡水引村にあった神亀山《しんきざん》十二坊、観樹院の開山は、全宥《ぜんゆう》法印である。観樹院は、本府大乗院の末寺で新田宮《にったぐう》（現在の新田神社）の別当寺であった。この全宥法印は、最初、頂峯院四十一世であった。その後、島津氏第十九代光久《みつひさ》に請われて、寛文二年（一六六二）に鹿児島坂元村護国院の開山となった僧侶である（『川内市史　石塔編』）。

このように、古くから、頂峯院と川内地方にある真言寺との交流は頻繁であったことが推測できる。そうすると、隈之城郷東手村の祈願寺であった来国寺の僧侶たちは、稲の豊作への農民の切なる願いの気持ちを、深刻に受け止めていたはずである。ニイダケ講を広めたのも、それを指導したのも来国寺の真言僧や修験者だったことが強く推しはかれる。

来国寺と諏訪御宝殿

この来国寺に関して、最近、薩摩川内市向田町日暮の素封家の家から発見された棟札《むなふだ》が秘められた歴史を語ってくれる。この棟札によると、天保六年（一八三五）正月十一日出火により諏訪社《すわしゃ》（諏訪御宝殿）（南方神社《みなみかた》）が焼けてしまった。当神社は、向田町《むこうだちょう》（現薩摩川内市）の代々の氏神であった。古くからの申し伝えによると、なにがしか有志の人々が隈之城郷地頭川田求馬の願いにより修理・補修をした。これは向田町および諸郷の人々が水難・火難・剣難に合わないで、おのおのが息災、延命、武運長久、子孫繁栄、国家安全、快楽、無事のお願いが成就するようにと願うためである。「天保七年（一八三六）七月吉祢日　諏訪社別当　快應代」との記録が残されている。

また、この諏訪社は、島津義久、義弘が朝鮮渡海の折、別当寺来国寺の龍樹院頼元《りゅうじゅいんらいげん》法印が自ら舟を出して従軍した功績により、従来存在していた巣山寺は来国寺と改名し安置された。寺の歴史をたずねていくと、龍樹院が島津義久・義弘の思し召しにより元和三年（一六一五）に中興・造立の由である。しかし天保六年（一八三五）未正月十一日に出火で焼けてしまった。そのため向田町の有志が修甫・補修をしたというのである。この棟札の発見により『川内郷土史』と『川内市史　年表』の「隈之城」の部を改訂する必要が出てきた可能性がある。

(4)　紫尾山麓の水神祭り

紫尾山麓の平川では、かつて水神祀りをしていた。それは、紫尾山の豊かな浄水に感謝する祀りである。今は田の神講の際、一緒に祀る。雨が長く降らないと、昭和二十年代までは、紫尾山に登り雨乞いをしていた。平川には四つの集落があるが、代表者が五人ずつ出て、鉦や太鼓を打ち鳴らして、降雨を祈願した。太鼓は直径三〇センチくらいのものであった。紫尾山麓の水田地帯は、今でも田の神講が盛んであるが、水神祀りと習合しているものが多い。

※　娘の田の神

今から百五十年ばかり前、小路西集落に梁淵伊左衛門という人が住んでいた。この人は大変信仰の厚い人で、山伏たちの常宿であった。ある時、山伏の一人が木像の田の神を刻んでくれた。それが実に立派な出来映えでまるで生きているようであった。それから間もなくして伊左衛門の長女で美しく気だてのやさしい十八歳の娘が突然亡くなった。これはきっとあの娘が田の神になったのだ、と近隣の人たちが噂をするようになった。それでこの田の神を「娘の田の神」と呼ぶようになったという。この田の神は、現在小路集落の共有で、春・秋二回の田の神講の時持ち回りとなっている（『三国名勝図会』巻之三十七）。

田の神像を彫ると、あるいは作ると若い娘が命を落とすという。このような話は旧薩摩藩ではよく耳にする。これは、人柱伝説に見られる思想であるが、純潔な生娘は水神や田の神の妻であると言われている。生娘を田の神や水神に供犠として捧げることにより、神の怒りを和らげ、豊作が約束される。田の神になった村の美しく気だての良い娘は、きっと田の神の妻となったのであろう。田の神講や祭りをして、慰めてやることにより、豊作を約束してくれると考えることができる。

ちょっと一休み

冠岳のウヘッ（大蛇）

冠岳には大蛇を見たという話が多い。先日、冠岳宇都集落のA氏から聞いた話。

①　胴体の径が男の太股ほどの大きさのフヘッ（大蛇）

平成十年代半ばの話であるが、いちき串木野市野元の学校の校長上がりの人が、ハナシを捕るために鳥かごを持って鎮国寺裏、西岳下の奥深い山に入って行った。そこに、胴体の径が男の太股ほどの大蛇が出てきた。恐くなった校長上がりの人は、早速鳥かごを片付けて逃げ帰ったという。

② かま首を持ち上げて睨んだフヘッ（大蛇）

これも平成十年代の話。薩摩川内市に住む三人が、山野草を取りに、西岳下の山に入った。近くでカサカサ音がする。誰か山に入っているのだろうかと思った瞬間、兎が逃げてきた。そこに胴体が男の太股もほどの大蛇がかま首をもちあげ、三人を睨んでいた。恐ろしくなった三人は、急いで逃げ帰った。ちょうど、蛇の冬ごもりの前のころだった。栄養を蓄えておきたかったのだろう。

③ ウヘッ（大蛇）の骨

昔の話。大岩戸の下に猫の骨ぐらいの大きさの肋骨を持つウヘッが死んで骨だけになっていたという。

④ しのめが迫のウヘッ（大蛇）

昔、ある人が、つづらを取りに、しのめが迫に行った。夢中になって取っていると藪でカサカサという音がした。見ていると大きな蛇が頭をひょっくり持ち上げた。怖くなって急いで逃げ帰ったという。

⑤ すんけん山のウヘッ（大蛇）

上名の人が、すんけん山に薪を取りに行った。そこに道を横切って大きな松の木のようなものが横たわっていた。よく見ると動くので岩陰に隠れ、石を投げた。石が当たったのかウヘッがヒョックリ頭を持ち上げた。そして毒の雨を降らしたという。その人は、恐くなって一生懸命走って逃げ帰った。その後、しばらくの間、仕事もできず馬鹿のようになっていたという。

⑥　メシゲを持っていくウヘッ（大蛇）

西岳が鬱蒼《うっそう》として昼でも暗い森林に覆われていたときの話である。材木神社の下に炭釜を持っていた人が、朝、炭釜の所に行ってみるとメシゲ（飯貝の転訛。飯杓子）が無くなっていた。しかもこれが毎朝起こることであるので不思議に思って、ある日、小屋の陰に隠れていた。すると大きなウヘッが出てきた。そして釜の上にあるメシゲをくわえて行ったという。

以上、六つの例を上げたが、まだまだウヘッの話を知っておられる人は多いと思う。冠岳のある宗教関係の人が、実際に龍が玄関のところを通り過ぎていったのを見たと、真剣に話されたことがあり、私も戸惑った。霊山には、龍や大蛇の話はつきものである。蛇は水神の化身ともいわれる。

冠岳は水分神《みくまりのかみ》として尊崇されている。その信仰は薩摩川内市側に濃厚であった。龍や大蛇が水神であると説いたのは修験者か密教の僧侶であった。冠岳は、森林が鬱蒼としている関係で、大きな蛇はいることは確かであろう。それを水神として崇めた信仰も残っていることは山麓の人々がよく知っている。反面、蛇は祟りやすい神ともされ、怨霊信仰や死霊信仰とも結びついたりする。

材木嶽

3　冠岳の女人禁制

冠岳の女人禁制の歴史的資料はないが、『三国名勝図会』巻之三十七は材木嶽について、次のように記している。

「是より西行すること三町、路北二三町許に材木巌あり、嶽石重畳して、材木を積むに似たり、因って材木嶽と号す、又、夜叉《やしゃ》材木とも呼ぶ、土俗の説に此嶽往古材木を積みたりしに、一夜忽ち変して石となるといへり、その巓《いただき》に石小祠を建つ、材木嶽権現と号す」

材木を積んでいたら、一夜忽ち変じて石になったという。何故、一夜で石になったのだろうか。その理由は記されていない。しかし、何か神の怒りがあったはずである。夜叉というのは、悪人を食い、善人を守護する鬼類とされている。夜叉が登場したということは悪人がいたからである。悪人とは何であろうか。

その前に、富山県立山の例をあげてみよう。立山には美女杉がある。「女人参結界ノ山ニ故於テ此乍化成杉木に、因って久しく美女杉」とあるが地名のことである。主人公の尼は石になった

天狗岩

が、連れの壮女は樹に化して美女杉となった（宮家準編『修験道辞典』）。材木岩に関しては「有り材木板、伝テ曰ク、昔欲シ建ント女人堂、累《るい》寄人、材木、然ニ其木、忽ち一夜変岩」（『和漢三才図会』）とある。

立山は、江戸時代から女人禁制のところであり、布橋灌頂《ぬのばしかんじょう》の行事があったことで知られている。冠岳では、女人がお堂を建てようとしたという話にはなっていない。薩摩藩ではそのような女性の動きもなかったのであろう。しかし、材木岩に登って行くことは、非常に危険であることでもあるし、女性が登ってくると穢されるという思想はあったものと思われる。したがって、女人禁制があったことが窺われる。

冠岳も「此嶽の山中天狗の栖止《せいし》せる所なりとて、霊怪一ならず、山上に火燃え、或は鐘螺《しょうら》（鐘や法螺貝）の声を発し、或は山岳寺殿崩れ砕くるが如き声響あることもあり、又住持の僧怠慢汚行ある時は、天狗必ず僧を罰し、往々裸体となし、或は卒死せしむるに至るといふ」とある。「汚行」ということは女犯のことであると思われる。このことから冠岳の頂峯院でも妻帯禁止であったことが窺われる。

4　入定《にゅうじょう》による即身成仏

入定の本来の意味は、禅定《ぜんじょう》に入ることで、思慮を止めて無念無想の精神状態になることを意味する。生きながら土中に埋もれることの思想的背景は、大地を物を生み出す場と見ることで、そこには再生観が見られる。入定して即身成仏となり、永遠に衆生済度をすることをねらいとしたのである（五来重「入定」『世界宗教大事典』）。

入定には、肉身を保とうとする弥勒《みろく》信仰と弘法大師信仰が根ざしている。五穀絶ち、十穀絶ちの厳しい修行を経て、水銀、漆などを飲みながら体を枯らしていく。これには修験道の本草《ほんぞう》（本草学の略）や仏教の知識がなければならない（佐野賢治「入定」『日本民俗大辞典』二〇〇〇年　吉川弘文館）。土中に息継ぎ竹を差し込み、水を与えることもある。

薩摩では、修験者空順法印の入定が知られている。空順は、元文二年（一七三七）五月三日に三日月を拝して食を断ち入定した。そして、その年の五月二十八日に息絶えている。土中に入ってから二十四日目に亡くなったことになる。

さて、紫尾神興寺の快善が入定したのが元禄十四年（一七〇一）七月二十一日である。同年九月十三日に亡くなっている。土中に入ってから、亡くなるまで一カ月半かかったことになる。

宝永四年（一七〇七）九月に弟子の稲富・本田・堂守の西田の三人が建てた碑銘では、次のようなことが分かる。

前から二王経一万二千二百余巻を読み終えた。その夜の夢想どおり、神前に蓮や菊の絵を戸張《とばり》して、五穀十穀を絶って修行を久しくしていく。そして碑には「元禄十四年辛巳年七月二十一日、歳六十八而入定、九月十三日同年堕命」と記されている（『鶴田町史』）。

古老の口伝によれば法印の読経は七日七夜聞こえたという。紫尾立原の墓石群の中には、快善の元禄二年（一六八九）の逆修供養塔がある。

逆修というのは、生前にあらかじめ、死後の冥福を祈って仏事を営むことである。『灌頂随願往生十方浄土教』には、死後の追善供養で死者に達する功徳は七分の一と説かれている。『地蔵菩薩本願経』巻下では、逆修は七分の徳全てを得ることができると説かれている（藤井正雄「逆修」『日本宗教大事典』）。

薩摩川内市樋脇町の上之原には、快慶入定の石室がある。快慶は、寛文六年（一六六六）前後から、瑠璃光寺《るりこうじ》の住職を門弟の快久に譲った。同年十二月快慶は逆修塔を造立した。八月吉祥日に山王権現と若宮神社を創立して、入来から移してきた宮源寺をその別当寺とした。

その後快慶は、寺の脇の土中に深さ二メートル五〇センチ、一辺一メートル余の四角の石室を作らせ、生きながらその室に入り、上に厚石の蓋をし、その上に逆修塔を立てさせた。中では読経を続けたが、外からは門弟や門徒が、石室の隙間から握り飯などを投げ入れたので、それを食べ、二年数カ月も生き続けた。寛文九年（一六六九）己酉閏十月初五日辰刻（午前八時頃）に経を読む声と鐘の音が止まった、という（『樋脇町史』）。

ここで、疑問なのは、即身成仏を願い、肉体を涸れさせなければならないのに、何故、水分の多い握り飯を食べたのだろうか、ということである。穀絶ちをして、体を涸れさせていかなければならないはずである。これは後世の人々が語り伝えた話が混乱した可能性が強い。

5　金を恵んでくれた霊山

鹿児島には、金峰山とか金畳山《きんじょうざん》（開聞岳の別名）のように、金の名のつく山がある。また、冠岳や高隈岳《たかくまだけ》、紫尾山などには昔から金と結びつく伝承が残っている。そこには、祖霊が光っているという祖霊光物説や、金が実際に埋まっているという金山説の考えがあるからである。和歌山県熊野の金峰山頂に鎮座する金峰神社が古くは金精明神と呼ばれたのも、この山に金の存在が信じれていたからなどと言われる。

(1)　冠岳と金

鹿児島県南さつま市金峰町の金峰山には次のような伝承がある。

牛に化身した神

昔、島津の殿様が金峰山の神様に金を所望して祈願した。何日か過ぎたある日、厳かな神の声で、「金峰山にも金はあるが、それは神のものである。串木野の芹ケ野というところへ案内しよう」と言って、神は牛の姿に化身して案内された。金峰山の神はそこへ着くと金色に光り輝く岩石のありかを教えてくれたという。（原話　金峰町　松山忠雄）

神が牛の姿に化身したり赤牛の寝姿に似たものであったりする話は、金山近辺には多い。薩摩半島西岸では、ウイドン、モモドン、モモカンンサーと呼ばれる田の神の祭りが広く行われている。そこには、牛そのものが神であるという信仰がある。

牛に化身して金を恵んでくれた金峰山にも金があると信じられている。山頂から金峰町大野の方に下山してくると、「せいといの川」で人々はわらじを脱ぎ捨てた。金峰山の金がわらじに付いているので、その川で神様にお返しするのだという。また、同町の大坂《だいざか》の方に下山すると、人々はわらじを麓の所で脱ぎ捨てた。神域は鳥居の所までで金を神にお返しするのだという。

金峰山の神が教えてくれた金の在りかは、冠岳山塊にある芹《せり》ケ野《の》金山である。しかし、冠岳のある串木野地方には、伝承は伝わっていない。しかし、金山の採掘の指導や鉱山の山神祭りを主催しているのは、冠岳修験の奥田山伏である。奥田山伏は、金峰山の麓にある尾下集落から江戸時代のはじめに移ってきた。これは、修験者は、祭りだけでなく金の発見や採掘にも深く通じていたことを示している（森田清美『さつま山伏』一九九〇年）。

(2) 紫尾山と金

これに関しては次のような二つの伝承がある。

① 神のお告げで金山発見

宮之城島津家第四代久通が紫尾権現に参拝したのが江戸時代の初め寛永の頃である。時あたかも島津藩は財政が困窮していたので、国老であった久通は前後一週間もお籠もりして財政の立て直しを祈願したといわれる。ところが霊験あらたかに、ある夜白髪の老人に化身した権現が現れ「宍《しし》川筋をたどりこの山容を探せ」とのお告げがあった。久通は夢とばかり喜び、川筋をたどるうち砂金を得たので、この川上に金山のあること疑いないと思い、石工や山師を雇い入れ金山探しを始めた。しかし山はけわしく谷は深く急流あり、深い淵があったりしてなかなか思うようにはこばず当惑していた。ところが、ある日一匹の大亀がのそりのろりと現れ出た。久通はこれぞ神の助けとばかり、この大亀にうちまたがり、急流を渡り、あるいは竣険をよじ登り、山中深く分け入った。血眼になって探しまわること数日、ついに目もくらむような黄金を発見することができた。それから金鉱の発掘に努力した結果、いつの間にかこの土地が黄金郷となり、人々の数も増加し、寂しい山の中に、にぎやかな金山町ができてしまった。これが長野（永野）山ケ野金山だと伝えられている。

久通は、これは全く紫尾権現の御利益と感謝し、金銀を奉納し、また、川亀にちなんで亀石を奉納して崇敬するようになった。この話を伝え聞き、人々の参拝も次第に多くなり、一攫千金を夢見る鉱山師などの献灯献石も社頭に多く立ち並ぶようになった（同前）。

② 赤牛と金山

寛永十八年（一六四一）三月朔日、三代宮之城領主島津久通は紫三所権現に参籠し、二十一日の間、黄金を与えてもらうように神に祈願した。満願の日、夢うつつの中で、神殿の方から、これより辰巳の方五里、木の根に因む土地を訪ねて行くようにとの神のお告げがあった。目が覚めた久通は家来を引き連れて永野の方へ向かった。永野にたどりつくと川の中に入り、菖蒲の根をかき分けて、その下の川泥をすくい、「椀かけ」の法（黒塗りの椀に川砂を入れ、水を注いで金をゆり分ける方法）によって砂の中に砂金を見つけ出した。さらに、川を遡ると一人の老翁が「宍焼谷《ししやきだに》」の川べりで猪の肉を焼いて食べていた。久通がこの辺に木の根に因む土地はないか、と訪ねると、この東およそ半道（半里）の所を木の根越えというが、この東の山に黄金がある、と教えてくれた。そこに訪ねて行くと、かなたに大きな岩石が夕陽を受けて光り輝いていた。そのうち日が暮れたので、大木の根が絡みあっているところで夜を過ごすことにした。ところがその夜、ふたたび夢の中でお告げがあった。山の中腹に赤牛の寝姿に似て、光を放つ石がある。それが黄金であると。翌朝、山に登った久通は、そこで赤牛の寝姿に似た、異様に光り輝く岩を見つけたのである。願いがかなったので、早速、紫尾三所権現を遥拝し、神に感謝した。その後、黄金のありかを教えてくれた老翁を探したが、その姿を再び見ることはできなかったという。（『山ケ野金山誌』）

二つの伝承は、紫尾権現が金の在りかを教えてくれた話である。紫尾三所権現は昔から、金を授けてくれるとして人々に厚く信仰されていた。島津久通はお礼に多くの金銀を奉納した。また急流を遡る大魚が乗っていたといわれる「亀石」も納めた。この金の話を伝え聞いた鉱山師たちは、一攫千金を夢見て権現への献灯、献石を繰り返したという。

亀は、紫尾山の神の使いなのであろう。霧島山でも、亀は霧島明神の使いだと言われている。なお、五行循環説で金と丑、牛との結びつきを解く研究者もいる。修験者は陰陽五行説は理解していたと考えられるからである（松原武実国際大学教授）。

6　験力《げんりき》に長けた山伏

山伏が験力に長けた話は多い。験力がないと信者を獲得できない。験力や法力がないという噂でも立とうものなら、一瞬にして信者を失い、路頭に迷ってしまう。薩摩川内市の入来に伝わる山伏の話を紹介したい。

入来町の清浦には、標高四二二㍍の、天狗岩が聳える鷹ノ子岳がある。その中腹に鷹《たか》ノ子《こ》神社が祀られている。祭神は素戔嗚命・奇稲田姫・大物主神・大山祇尊。昔から軍神として尊崇された。実は清浦の地名そのものが霊域の意であり、古代人は奇岩天狗岩の聳える鷹ノ子岳を神山として祀ったものであって、後の修験山伏の道場ともなったのだった。

伝説では市野々の鷹之巣神社で育った三羽の鷹ノ子が牟礼山に飛来し、付近の毒蛇を悉く食い殺したので村人が住みつき、その鷹ノ子を祀ってあることになっている。ところが、うち二羽はいちき串木野市の羽島へ飛び去り、同地で羽島崎神社として祀られ、残り一羽を祀っている。これは、日本に古来からある「霊蛇化鳥」の伝説から、鷹ノ子社の神霊は本来竜神＝水神だといえよう。

鷹ノ子岳（上）と天狗岩（下）

① 金縛りにされた実相印

今から二百五十年ほど前、清浦に実相印という山伏がいた。実相印がまだ十四、五歳の子供だった頃、清浦を通りかかったザッツ（座頭）に悪口を言ってからかった。座頭は逆琵琶を弾き、呪文を唱えて少年を金縛りにして鹿児島の方へ行った。少年は呪力で動けなくなったが、数日後帰ってきたその座頭にあやまってやっと自由になることができた。座頭はとても優れた修験者だったのである。それから少年はその修験者の弟子にしてもらい、一心不乱に修行したので師匠に劣らぬ腕前になって、鷹ノ子岳の頂上天狗岩と、今の国道の上の陰陽石との間を飛び渡ることができるようになった。

一説には、修験の大切さを知った実相院は、鷹ノ子岳の天狗に弟子入りして、数年後、天狗の術を修得した。そして近くの陰陽石の岩から鷹ノ子岳へ自由に飛べるようになったという（原話上野秀夫氏）。

② 実相印の天狗飛び切りの術

実相印は見たところ小男だが、剣術もすばらしい達人だった。ある時、実相印が見るからに田舎者らしい粗末な着物を着て鹿児島へ行き、西田橋を渡っていたところ、向こうから体つきのたくましい城下士が五、六人、橋いっぱいに広がって歩いてきた。実相印は臆せずに橋の真ん中を渡って行った。城下士の方では風采の上がらぬ小男が朱鞘の長刀をたばさんでいばって歩いてくるのがおかしくてたまらず、すれ違いざまにみんなで、ヒョイと実相印を差し上げた。悲鳴をあげるのかと思ったのに、実相印は「やあ、みんなさあ（皆様）、これはあいがとごわす（有り難うございます）、桜島の景色がすばらしゅごわんさあ（御座いますよ）」と言った。シャクに障った（腹が立った）一同は一、二、三の掛け声もろとも実相印を甲突川へ放り投げた。ところが、である。ドボンと水音高くしぶきが上がって、田舎侍のアップアップする姿が見られる、と思っていた城下士達はひったまげてしもうた（驚いてしまった）。実相印は投げられた瞬間、天狗飛び切りの術でクルリと一転、橋の欄干の上にすくっとと立っていたのである。目を白黒している城下士達へ実相印は言った。「どうもあいがとごわした（ありがとうございました）。お礼にもう一つ手ずま（手品のこと）をお目にかけもそ」……実相印は履いていた足中草履をヒョイ・ヒョイと空中へはねあげて、朱鞘《しゅざや》の大刀、抜く手も見せずエイヤッと落ちくる草履を切った。橋の上に落ちた四つの草履が切れるのを見た城下士達は、恐ろしくなり、後ろも見ずに逃げていった。

③　籾塚《もみづか》

実相印は力持ちだった。ある年の秋、田圃から下駄履きで籾俵をかたげて（担いで）帰りおったところ、目の前に角の見事な牡鹿が一匹現れた。実相印は籾俵をおろすのも面倒と、そのまま鹿を追いかけた。鹿は内之尾を通り、今の八重《やえ》放牧場の方へ逃げて行った。実相印はサシ下駄（高歯の下駄）のままで石ころ道を走ったので、俵が破れて中の籾は大方なくなってしまった。エエ残りを持ち帰るのもめんどくさいと、カマゲの残り籾をうち捨てた。ところが、それが山になって今に残っている。それが横尾岳と放牧場との間に聳える円錐形の山、標高六〇〇メートル《メー トル》の籾塚である。

④　実相院の墓

鷹ノ子岳の聳える清浦は、昔は山伏の修験道場であった。そこには実相院の墓が残されている。高さ四五産地センチメートル《センメー チトル》の石塔の前面に仏像を陽刻し、背面に「梵字《ぼんじ》（ア）権大僧都　元文五年（一七四〇）庚申天六月十八日　実名肥後深右衛門」の銘がある。それは、現在鹿児島に移されているが、その新墓地には「権律師軍山　延宝三（一六七五）乙卯天九月十九日」の刻銘がある。これを調査された入来の郷土史家本田親虎氏は、軍山の墓も実相院であると言われているところをみると、実相院が清浦山伏の代名詞であったのではないかと説明されている（『入来町史』）。

7　霊山崇拝と現代社会

①　古来から行われていた霊山の水分《みくまり》神信仰

冠岳では「白山かけはし稚児《ちご》の宮」と言われ、白山神社の近くには稚児の宮があった。それは今は見ることができないが、もし、この稚児の宮に詣ることがかなえば、そこの湧水は酒であると言われている。

また『麑藩名勝考』には「絶頂に霊泉を出す、名付て不増不滅水と称す」とある。これによると、西岳の湧水は、昔から山麓の人々に有難く飲まれていたし、そこから流れ出る水は、不増不減、増えもしないが涸れもしない。川となって隈之城川に流れ出る。その水は、飲用水だけでなく農業用水として使用され、稲の実りを豊かにしてくれていた。農家の人々にとっては命の水であったのである。現在は、土地改良組合に用水の管理は引き継がれているが、本来は、西岳の麓から湧き出してくる神聖な水であったことを忘れてはならない。その利用は、水利慣行権として流域の人々に与えられている。この水がニイダケ講という多くの人々の信仰によって維持されてきた有り難い水であることは確かである。したがって、現代の私たちは、この神聖な水のことを決して汚してはならないのである。

紫尾山も豊かな水を恵んでくれるので、今でも田の神講と一緒に水神祀りをしている。雨が降らない時は、かつて雨乞い祈願を紫尾山頂で行ったという。紫尾山も水分神として人々に崇められていることが分かる。

② 人々の融和の場

このようなニイダケ講や水神講など、人々の楽しい融和の場を現代は失っていないか。無縁社会と言われる今だからこそ、集落や地域の寄り合いや各種のサークル、講座などに積極的に参加して人間性を取り戻していきたいものである。

③ 現代の登山ブームの性格

現代の登山ブームは、下界の汚れた世界を逃れて、神霊や祖霊のいる異界、あるいは神域へ近づこうとする、霊山への崇拝やあこがれの精神が柱となっている。女性の場合は、明治維新前までは、女人禁制の山が多かったことへの反動もあるが、山の神が女性神で、人の誕生を告げたり、乳の出を良くする神仙水を与えたりして古来から女性を助けてくれたことと登山ブームとは無関係ではあるまい。山ガールのファッションも、山や岳の神へ詣るための神聖な礼装であると解することはできないのであろうか。そのような人々に恵みを与えてくれる霊山に塵や空き缶を捨てるなど、山を汚したり、乱伐をすることをしてはならない。

④　若者のパワースポット

若者の間には、パワースポットが話題になっている。インターネットや雑誌で紹介してある遠くのパワースポットへ、多くの若者が押し寄せる。しかし、パワースポットは、神霊や祖霊を感得する場所であったらよいわけで、近くの霊山や神社に、その場所を見つけることが可能である。若者は、地域にそのパワースポットを発見し、人々を呼び寄せ、地域起こしに貢献できないのだろうか。

⑤　命を投げ出しても人々を救う

真言僧や修験者の入定の話は前述したが、昔の宗教者は、自らの命を投げ出し、また身体が永遠に残る即身成仏を決行した。その目的は、いつまでも人々の信仰を保とうとするためであるが、命を投げ出しても人々の幸せを祈るという尊い宗教心と精神が漲っていたのである。ともすれば自己中心に陥り、無縁社会と言われるような索漠とした人間関係の現代社会では、何よりも人に奉仕し、困った人や弱い人を助けるという、古来からの日本人の精神を取り戻したいものである。

おわりに

薩摩川内地方には、冠岳や紫尾山という、秀でた霊山だけでなく、永利町山田の日笠山や入来町清浦の鷹ノ子岳など霊山が数多い。また薩摩川内地方には、慶応三年から明治二年にかけての廃仏毀釈で毀された名刹《めいさつ》（名高い寺）が、非常に多いということが分かった。これは、地域資産としての貴重な文化財である。観光と一体となった歴史や民俗の研究や調査も必要である。

最近の登山ブームや霊山信仰への関心の高まりは、前述したように新たな時代の精神を渇望する動きがあるのではないか。かつて、山ガールという愛称や俗称があったが、それも同様である。政治的にも経済的にも日本は閉塞感に陥っている、多くの国民の生活苦などを解決する理論や精神は生まれ出てこないのだろうか。霊山信仰への関心の高まりは新たな時代への幕開けであり、日本人の本来の心意を取り戻そうとする動きでもあるのである。

第四章　薩摩川内地方の霧島信仰
――日向神話の広がりのなかで――

はじめに

薩摩川内市には、霧島講や水神信仰、神亀山《しんきざん》を霊山とする霧島山岳信仰あるいは日向神話を基層とする宗教観や世界観、宇宙観が見られる。このことについて、主として民俗学的方法論で迫ってみたい。

鹿児島には、日向神話が霧島山高千穂峯を中心として広範に広がっている。中でも、薩摩川内市には、大昔、皇孫瓊々杵尊《ににぎのみこと》の宮城があったとされている。これらの神話なり伝説、それに因む史跡が成立してくる薩摩川内地方は、いったい、どのような、宗教的、政治的、経済的基盤を有していたのであろうか、順に論を進めて霧島信仰について考察を重ねていきたい。

神話や伝説は史実とはほど遠い。しかし、それを受け入れていった背景にはどのような文化や社会的基盤があったのかを究めていくのが民俗学や文化人類学にとっては大切なことだと考えられる。

1　穀霊としての霧島神——薩摩川内市等の霧島講

薩摩川内市の多くの集落では、毎年、霧島講員の中から何人かの代表が霧島神宮に参拝して、その帰りを待って盛大なサカムケ（坂迎え）が行われた。

大小路町大島馬場の参詣者は、十五～二十五歳の男子四名、そのうち一名は前年度参詣者の中から選ぶ。理由なく、指名を断った場合は絶交となる。絶交は郷中追放ということで、一切の人々から口を聞いてもらえないという厳しい掟となる。経費は、本人が負担するほかは、頼母子《たのもし》講（互いの金品を融通を目的とする相互扶助の講）から出した。

日程は、旧暦九月十八日、未明に歩いて出かける。行程は平佐→入来→藺牟田→蒲生→帖佐→加治木の順で行き、加治木の泉屋旅館で一泊。翌日の十九日午前中、国分八幡（霧島神宮）に参詣。昼食。そこから新川沿いに県道を北上し、安楽温泉の少し手前から急な坂を越えて大窪に出て茶屋で休憩。さらに八キロほど北上して夕暮れ時に霧島神宮に着く。直ちに参拝してから旅館に泊まる。当日は、秋の例祭であったので各地から参詣者が多く、旅館では、一部屋に何十人も入り、すし詰め状態であった。付近には土産屋も多く、ロクロ製の筆立て、煙草入れ、コマなどをお土産として買った。三日目は、韓国岳の噴煙が激しくないときは、未明に岳参りといって高千穂の峰の天の逆鉾のあるところまで登る者もいた。

帰りは、大窪の茶屋で休憩。国分街道を南へ二十四キロほど歩き、国分の浜市に着く。そこの新田堤防から汽船で鹿児島に向かった。この日は鹿児島泊まり。四日目は市内見物。正午出発。市来の湯之元に一泊。五日目の二十二日、湯之元発、十一時頃隈之城山之口に到着。そこでは参詣者の家族が弁当を持って迎えにきていたので昼食。大島馬場には午後三時頃到着。自宅には立ち寄らないで、御観音堂に直接参詣、そこに設けられた歓迎場にのぞんだ。そこには各戸から弁当や焼酎が持ち込まれ、参詣者四名は大歓迎を受けた。これを霧島参りの「ミッサカミケ（道坂迎え）」といった。霧島講の目的はいろいろあるが、五穀豊穣、豊作祈願と家内安全などの願掛け、願成就のためであった。（石塚行之丞「我らの郷土大島馬場部落の由来」一九四七年）

いちき串木野市荒川は川内文化の影響が強い。霧島講も同じようなものである。荒川では、秋の霧島神宮の祭りの時に、講中で籤に当たった人が霧島へ参詣した。二日ないし三日がかりの旅であった。荒川の各霧島講の代表者数人は一緒に行った。薩摩川内市祁答院町藺牟田、姶良市蒲生町を通って歩いて行った。霧島のお土産は土鈴であった。これと家で作った「サトコ（砂糖粉）」を添えて餞別を貰った家に配った。「サトコ」は麦を煎って石臼でひき、それに砂糖を加えたものので、当時はおいしい食べ物であった。

葬式の時、一切を取り仕切る無情講の役割は、荒川では霧島講で行っている。

宮崎県や鹿児島県の各地では、「霧島講」を結び代参の講をした。

宮崎県都城市乙房町や祝吉町、太郎房町などでは、霧島山が良く見える所に霧島堂が建てられている。そこに年三回、正・五・九月に講員たちが集まってオタコ（御岳）さんを遙拝してから直会をする慣《なら》わしであった。（『都城市別編　民俗・文化財』一九九六年）

霧島参詣の帰り道、稲や粟などの見事に実った穂を失敬して持ち帰り、その穂の種を自分の田や畑に蒔いたりした。こうして村の稲や粟の品種改良が行われた。

2　水神としての霧島神——龍や大蛇の話

(1)　藺牟田の山と池の話——大浪池とのつながり——

①　飯盛山《いいもりやま》

昔々のその昔、藺牟田池に、男龍《おりゅう》、女龍《めりゅう》の二人の神様が仲良く暮らしていた。山紫に水清く、四季それぞれに花は咲き、鳥はうたい、のどかな平和な日々であった。女神は、逞しくやさしい男神の愛情に支えられて幸せいっぱいであった。しかし、男神は、そのうち二人だけの生活にあきたらなくなり、やがて嵐の激しい夜、こっそり池を抜け出して、行方知れずになってしまった。後に残された女神は、男神の裏切りに気づかず、そのうちにきっと帰ってくるものと信じ、朝夕、男神のために陰膳《かげぜん》（旅に出た人の安全を祈って留守宅で、神前に供える食膳）を供えて、その無事を祈り続けるのだった。

蘭牟田池　竜石峰と山王岳

女龍が男龍を尋ねて大浪池に行くため、山を登っていたら村人に見られ、石となった。

その陰膳の飯を捨てたのが、一年、十年、百年と重なって、やがて大きな山となった。そのめし盛りの山を後の人々は飯盛山というようになった。

② 愛宕《あたご》の原生林

月日は何百年とたっても男神は帰ってこない。そのうち、風の便りに男神は霧島の大浪池《おおなみのいけ》でほかの女神たちと住んでいることが分かった。

この龍神たちは、かねては人の姿をしているが旅をするときは、もとの巨大な龍の姿に戻って、雲に乗って行かなければならない。淋しさと恋しさに耐えかねた女神は、どうしても男神を連れ戻さねばならないと思い、焦った。雲のある夜ごとに、南側の高い山から天に昇ろうとした。しかし、いつも雲に手がとどかず、いたずらにすべっては、山の斜面を崩すばかりで、長い年月のうちに、とうとうその山の頂上から中腹にかけて大きな谷間ができてしまった。この山を愛宕山といい、後の人々はここを馬の放牧場とし、毎年、春先には山焼きをしたが、不思議にこの谷間だけには、火が燃え移ることはなく、うっそうとした原生林となって今も残っている。

③　住吉池《すみよし》との関係

ついに女神は、この山から天に昇ることをあきらめ、今度は地中をもぐって大浪池まで行くことに決めた。何年何十年かけてトンネルを掘り進み、とうとう一つの池に頭を出すことができた。しかし、この池は、蒲生《かもう》（住吉池は旧始良町と旧蒲生町に属している）の住吉池であって、霧島はまだまだ遙かに遠いということが分かった。女神はついには地中を行くことをあきらめた。

後の人々は、藺牟田池で藺草《いぐさ》取りをすると、必ず住吉池が濁り、藺の根が浮かんでくる、という話をして、二つの池は地中でつながっているのだと信じていた。

④　龍石《たついし》

また、幾百年幾千年が過ぎた。女神はどうしても男神のことがあきらめられず、もんもんの日夜を重ねていた。池の水に映る自分の姿は、いつまでも若々しく美しいけれども、いったん龍の姿にかえってみると、さすがに年老いて、ひげは真っ白く、背中にはこけや水草が生えて、見にくく、見るかげもない。こんな姿を、もし里人にでも見られたらおしまいだ。女神は悲しみ嘆きながら、霧の深い夜を待ち続けた。

とうとうその夜が来た。霧はもうもうと立ちこめ、一《メー》先《トル》も見えないほど、暗い夜であった。女神は今夜こそ必ず天に昇り、大浪池にたどりつかずにおくものかと深く決意し、龍の姿に戻って、今度は西側の低い山をそろりそろりとのぼって行った。ちょうど頂上にのぼりついたとたん、

竜石（上）と竜石から見た蘭牟田池（下）

どうしたことか、霧はいっせいに晴れて、朝のうす白い光が東の方から差し込んで、巨大なみにくい竜の姿が、ぼんやりとあらわれてしまった。運悪くそれを鴨取りに来ていた里人に見られてしまった。

「あっ、龍だ、龍だ。」と、驚き叫ぶ里人の声に、びっくり仰天した女神は、今はこれまでと無念の恨みをのみながら、たちまちそのまま岩の姿に変わり、固まってしまった。

池の西側の山の頂上から中腹にかけて並び聳えている龍の形をした岩がそれである。人々はそれを龍石と言い伝えている。霧の深い夜は今でも女龍がすすり泣く声が聞こえてくるという。

⑤ 弓置《ゆみおき》

まさに天に昇ろうとする龍の姿を、池の反対側の小高い山から見てしまった里人たちは、驚き慌てながらも、いっせいに弓に矢をつがえて龍を射ようと構えた。これを長老が、「まてまて、あの龍は確かに池の神様に違いない。弓を引くと天罰がくるぞ」とおしとどめた。みんなは弓を捨てて地べたに頭をつけて伏し拝み、神罰を畏れて、それぞれの弓をそこに供えて帰っていった。その後、弓が古くなると新しい弓と換えて長く龍神をいたわったという。

⑥ **山王嶽の御社《みやしろ》**

その後、藺牟田を中心として疫病が大流行したり、天災が次々に起こったので、村人たちは龍神の祟りに違いないと畏れた。そこで村長《むらおさ》が音頭をとって池のほとりの山王嶽の麓に御社を建てて龍神を祀った。村人たちの熱心な祀りのお陰で災害は少なくなり、また、御社の前に泉ができてこんこんと湧き、池の水の干上がることもなくなった。この泉を御手洗《みたらい》と人々は呼び、今でも字《あざ》として残っている。

（『けどういんの民話』一九七九年　＊一部表現を変えさせていただいた）

(2) この伝承の意味をさぐる

① 藺牟田池の男龍が、霧島の大浪池に行って女龍たちと仲良くしていたということであるが、ここには、霧島の龍神信仰の影響が見られる。龍は水神なので、藺牟田池周辺の人々は霧島の水神としての効験を招きたかったのであろう。

② 女神としての龍神は、藺牟田池に残り、池の神として人々に田の用水を与え、災厄から守ってやったことが考えられる。女神の龍が、男神としての龍を慕い、会いたいという望みは、霧

大浪池

蘭牟田池・住吉池・大浪池

島の水神と蘭牟田池の水神の関係を強力にしたいという人々の願いを表している。

③　山王嶽は、標高四九〇《メートル》で昔は日枝《ひえ》神社が祀られ、その左側楠樹のかたわらに御手洗と呼ぶ紳泉があった。春の彼岸に湧き始めて秋の祭りが終わると止まる。日枝神社を山王大権現ともいい、池を山王の御池（山王紳の池）と呼んだ。日枝神社は明治十一年に古里に遷座し、明治四十三年十一月に中原の諏訪神社に合祀し日枝神社と改められた（牧山望『祁答院蘭牟田郷誌』一九七三年）。

山王一実神道は、本山派修験の本地垂迹の神道である。そうすると、この竜神の話も蘭牟田池で修行していた本山派修験たちによって語られたものと考えられる。山王嶽の西南の山を龍石峰という、その山腹に龍石と称する巨大な岩石《がんせき》が屹立している。その下方に膳取石《ぜんとりいし》（または銭取石）と呼ぶ六畳敷位の平石が横たわっている。龍石は池中の龍神の化身といい、膳取石は、龍神を祭祀するときの盤座《いわくら》と思われる。盤座は神の鎮座する所で、そこには、神社以前の古い信仰の姿が見られる。

④　藺牟田池は住吉池とつながっていると、旧祁答院町の人々は言う。藺牟田池で藺草の刈り取りをするときは、住吉池に藺草の根が浮かんでくるそうである。また、藺牟田池の水と住吉池の水は、干満が同じであるとも。住吉池には「住吉池の王」、即ち大蛇が棲むという。毎年、若い娘を生け贄《にえ》に要求した。もし出さないとその年は大水が出て堤が切れ、近在の村々に大損害を与えるので、村人は泣く泣く選ばれた娘を沈めなければならなかった。人身御供になる娘の家には、屋根に白羽の矢が立った。そこに老僧が現れ、ひょうたんで作った人形を身代わりにするように教えた。大蛇が立てる大波で、ひょうたんの入った人形はひょいひょいとすり抜けてしまい、ついに大蛇は精魂つきて死んでしまったという。あの老僧は誰だったのだろう。村人は「聖《ひじり》の宮」として老僧を祀った（『姶良町郷土誌』一九九五年）。

仏教が入ってきてから、日本の大蛇は龍の眷属神《けんぞくしん》（家来の神）となったが、水神としての性格は変わらない。人柱伝説の広がりともに、若い娘は、水神の妻と解され、人身御供として役割を担うようになった。これを救うのは密教僧や修験者である。藺牟田池と住吉池がつながっているという話は、密教僧や修験者が人々に語った話であろう。藺牟田池の異界としての住吉池が位置付けられる。

【参考資料】（三国名勝図絵巻之十八より）

① 藺牟田池 （前略）池の北傍に、宗廟日吉山王社を安鎮す、故に山王の御池といふ、社の南二町許りに清泉流れ、池に注く、藺を生ず、（後略）

② 日吉山王大権現社 藺牟田村、古里にあり、祭神、江州日吉社に同し、毎歳正月朔日、十一月初申の日を以て祭りをなす、昔しは醫《い》王寺と号せる別当寺ありてとて、（後略）

3 霊山神亀山への日向神話の定着
――霧島山岳信仰の薩摩川内地方への浸透――

薩摩川内地方は、新田神社を中心として広い範囲で、日向神話、即ち霧島山高千穂峯を記紀の高千穂と比定する霧島山岳信仰に由来する多くの神社、史跡に遭遇する。この背景には、新田神社や別当寺の神官や密教僧などにより『記紀』に因んだ神話が中世の神仏習合にもとづく信仰の話として比定され、普及されていったことが考えられる。もちろん、川内地方には、政治的にも経済的にも、日向神話を定着させる基盤があった。順を追って事例を見ていってみよう。

【事例1】川内は、瓊々杵尊《ににぎのみこと》が宮城を構え、千臺宮《せんだいぐう》を築き皇居とされたのか。

川内の地名は、古くは千臺とも書かれていたとか、川内川下流の沖積平野に位置するから、川の内の地であるということから川内といったのだといったり、諸説ある。その眞偽はともかく、ここでは、瓊々杵尊の千臺宮説の存在に日向神話の影響が見られて、興味を深くする。

『三国名勝図会』巻之十三には千臺川について次のように記されている。

千臺川　当邑の西南境にあり、対岸は、隈之城高江《たかえ》の地なり、水源は日州諸県《もろかた》郡飯野《いいの》狗留《くる》孫山《そんざん》より出て、日州《にっしゅう》加久藤《かくとう》、馬関田《まんがた》、吉田を過ぎ、隅州吉松、栗野湯之尾、本城、馬越、曾木、薩州羽月、鶴田、宮之城、山崎、樋脇、東郷、中郷、平佐、隈之城の諸邑を歴て、当邑に来り、海に入る、飯野より当邑海口に至て、凡四十二里余あり、（畧）本藩第一の巨流なるのみならず、此川と、筑後川球磨川を以て、九筑の三大川と称ず、千臺川の名は、荒古瓊々杵尊、高千穂峰に天降の後、此地に宮城を構へ、千臺を築き、皇居となし給ふ、此川此地を過ぐる故、千臺を以て名を得たりとぞ、俗に或は千代川の文字を用ゆるは非なり、又此川近辺の諸郷を川内といふは此川に因てなり、此川上流にては、称呼一ならず、真幸院の地にては、真幸川といひ、菱刈郡にては、菱刈川といふの類、其土地に因て称呼を用ゆるなり、

〔**略解**〕

川内川は、当邑、即ち薩摩国の西南境にあって、対岸は、隈之城、高江の地である。水源は日向の国、諸縣郡飯野狗留孫山（現宮崎県えびの市）より出て、日州加久藤（現えびの市）、馬関田（現えびの市）、吉田（現えびの市）を過ぎ、隅州吉松（大隅国吉松　現湧水町）、栗野湯之尾（現湧水町）、本城（現伊佐市）、馬越《まごし》（現伊佐市）、曾木《そぎ》（現伊佐市）、薩州羽月《はつき》（現伊佐市）、鶴田

（現さつま町）、宮之城（現さつま町）、山崎（現さつま町）、樋脇、東郷、中郷、平佐、隈之城の諸国を経て、当国に流れきて海に入る。飯野から当国の海口まで四十二里余ある。（略）川内川は、本藩（薩摩藩のこと）第一の巨流であるだけでなく、この川と筑後川、球磨川をもって九州筑紫の三大川と言っている。千臺川の名は、大昔、瓊々杵尊が高千穂に天降りされて後、この地に宮城を築き、皇居となされ、この川、この地を過ぎるので千臺という名を得たという。俗に、あるいは千代川の文字を用いるのは誤りである。また此近辺を川内というのはこの川によって名づけられたものである。さらに、この川の上流では、呼び方は一つではなく、真幸院《まさきいん》の地では真幸川と言い、菱刈郡《ひしかりぐん》では菱刈川というたぐいで、その土地による呼び方をしている。

さて、川内の地名由来については千臺説をとってはいるが、川内川の内にあるから川内とも言うとの説も紹介している。『三国名勝図会』だから、高千穂鹿児島説をとっているのは当然であるが、瓊々杵尊の千臺宮という宮城があったということを記していることに、日向神話の薩摩川内地方への定着が見られる。

【事例2】八幡新田宮の中尊は天津彦瓊々杵尊で、近くに忍穂井川があるのか。

八幡新田宮は、八幡神社なので、八幡神を祀ってある。それは当然のことであるが、八幡神の起源というのは二系統あり、一つは豊前国香原岳《ぶぜんこくかわらだけ》を中心とする銅山の神の信仰と、他は同国の南半である宇佐・上毛・下毛を中心とする海神の信仰である。八幡信仰の発祥とされる宇佐八幡神については、彦火火出見尊であり、もう一人は豊玉姫という説と神功皇后、あるいは応神天皇という説がある（中野幡能「宇佐神宮の起源と発展」一九八三）。新田八幡については、『和漢三才図会』（正徳二年〈一七一二〉）には、「祭神三座　神功皇后、応神天皇、竹内大臣《たけうちのおおみ》」とある。『太宰管内志』では応神天皇、神功皇后、玉依姫の三神となっている（小林敏雄　一九九〇）。『三国名勝図会』では、中尊として瓊々杵尊、左に天照大神、右に栲幡千々姫《たくはたのちぢひめ》など天津神や天孫降臨の神が祀られている。これは、日向神話に登場してくる神々である。

小林敏雄は、重野安繹がニニギノ尊の登場してくるのはそう古いことではない、と言っているのを受けて、「新田宮は、まず八幡宮として出発しているのか、それとも八幡宮をとりこむ以前にニニギノ尊などを神々として祭祀する神社の実体があったのか」と慎重な判断を行っている。日隅正守は「新田八幡宮が八幡宮となった時期は、平安中期であると考えられます。史料的には新田八幡宮の存在は、十一世紀中期以降と確認できます」（日隅正守「薩摩国一宮制の特徴について」二〇一〇）と述べている。それにしても、日向神話が、十一世紀前後には取り入れられていた可能性があるという点に興味が引かれる。天保十四年（一八四三）に編集された『三国名勝図絵』巻之十三には次のように記されている。

八幡新田宮　宮内村神亀山《しんきざん》にあり、祭神三坐、中尊天津彦々火瓊々杵尊、左天照太神、右栲《たく》幡千々姫《はたちぢひめ》是なり、栲幡千々姫の事、古事記にあり、（畧）高木神の女、瓊々杵尊の皇母なり、（畧）一説には右を天忍穂耳尊とす、（畧）勧請の年月詳ならず、当祠は山上にありて、其山の形亀に

新田神社

似たり、因て神亀山といふ、荒古天津彦々火瓊々杵尊、日向襲之高千穂峯に天降ありて、笠沙宮に居給ひしが、又此地に皇都を建て、高城千臺を起し、千々の臺を築き玉へる宮城の意なり、皇居を移し給ひ、高城《タキ》宮と号す、瓊々杵尊崩し給ひし後、此地に葬る、是を可愛《えの》山稜といふ、（畧）此地に陵ある故に、後に神体を崇めて、千臺新田宮又は八幡新田宮といふ、八幡の名は、縁起に、皇孫受持せる八咫鏡《やたのかがみ》と、栲幡千々姫の幡字を取て八幡と称し奉るといへり、新田とは地名なり、後世此の地に新田を開れし故、此名を得たるべし、（畧）初め当社は、神亀山の半腹にありしに、高倉天皇承安三年、炎上せしかば、假殿を山頂に営み、此処に当社を移し建んことを奏聞す、安元二年、宣旨を降して、是を許さる、於是、正殿を山頂に新建す、即今の地なり、其後天文永禄の間に至て、渋谷氏再ひ修復、時に渋谷氏、此地を領ずるに因てなり、爾来天下騒乱して、宮殿門社を悉く破壊す、其後　貫明公（島津氏十五代貴久）慈眼公（島津氏十八代家久）等、征韓の役、御勝利の御祈願成就の報恩として、殊に尊崇を尽され、寶殿、拝殿、鐘楼、回廊、末社、華表等を造営し給ひしより、壮大佳麗にして美善を尽せり、祭祀年中二十六度、其中六月廿九日を夏越祭と云、此日と、九月十四日、十五日、大祭なり、当社は本藩三州の大祠なるのみならず、実に皇国無双の宗廟なり、故に皇家の崇敬他に異にして、毎年夏越祭には遠く勅使を遣して、祭礼を供奉せられ、且当社の神を京都に勧請し給ひて、筑紫五所八幡の一とす、（畧）二王門、千臺川の北岸に臨む、内に一の華表あり、数町にして二の華表あり、左右は新田宮の神人等居住す、二の華表すぎ、数十間にして忍穂井川《しおいがわ》あり、江川ともいふ、石橋を築す、古来隆来橋と名つく、（畧）

〔略解〕

八幡新田宮は、水引郷宮内村にあり、祭神は三坐で、中尊は天津彦火々杵尊、左坐は天照大神、右座は栲幡千々姫がこれである。栲幡千々姫のことは古事記にある（高木神の女であり、瓊々杵尊の皇母である。（略）一説には天忍穂耳尊《あめのおしほみみのみこと》としている。（略）勧請の年月は明らかでない。当祠（八幡新田宮）は山上にあって、その山の形が亀に似ている、よって神亀山という。大昔、天津彦々火瓊々杵尊は、日向の高千穂に天降られて、笠狭宮《かささのみや》に居られた、しかし、この地に皇都を建て、高城千臺《たきせんだい》をおこされた。千臺というのは、千々の臺を築いた宮城の意味である。皇居を笠狭宮から、ここに移されて高城宮と名づけられた。瓊々杵尊が亡くなられて後、この地に葬った。これを可愛山稜。（略）この地に陵があるので、後に神体を崇めて、千臺新田宮または八幡新田宮というようになった。八幡の名は、縁起に、皇孫が受持してきた八咫鏡と栲幡千々姫の幡の字を取って八幡と称したと言われている。新田というのは地名である、後、この地に新田が開かれたのでこの名を得たのであろう。（略）初めは、当社は神亀山の半腹にあったが、高倉《たかくら》天皇の承安三年（一一七三）に炎上したので、仮殿を山頂に建て、ここに当社を建てることを天子に申し上げ、安元二年（一一七六）に、宣旨《せんじ》、即ち天子の命令が下り、許されて正殿を山頂に新しく建てた、即ち、それは今の地である。その後、天文（一五三二〜五五）、永禄（一五五八〜七〇）の間にいたって、渋谷《しぶや》氏が再び修腹した。この時代は渋谷氏の所領であったからである。それ以来、天下が騒乱になり宮殿や門社がことごとく破壊された。その後、貫明公（島津家第十六代義久）、慈眼公（島津家第十八代家久）など、征韓の役（文禄・慶長の役（一五九二〜一五九八））の御勝利のための御祈願成就の報恩として、ことに八幡新田宮を尊崇なされ、寶殿、拝殿、回廊《かいろう》（神社などの長くて折れ曲がった廊下）、末社、華表《かひょう》（神社の鳥居）などを造営なされて後、壮大佳麗になり美善を尽くしたものになった。祭祀は、年中二十六度、そのうち六月二十九日を夏越祭《なごしさい》（陰暦六月晦日の行事）と言う。この日と九月十四日、十五日は大祭である。当社は、本藩（薩摩藩）三州の大きな祠であるのみならず、実に皇国無双（日本で並びなきこと）の宗廟、即ち、祖先や天子の御霊を祀るところである。それゆえに天皇家の崇敬が他に抽んでていて、毎年、夏越祭には、遠くから勅使をつかわして、祭礼に奉祀される。かつ、当社の神を京都に勧請されて、筑紫五所八幡と一つとされている。（略）二王門、千臺川の北岸に臨んでいる。そのうちに一の華表があって、数町したら二の華表がある、左右は新田宮の神人などが居住している。二の華表を過ぎて、数十間したら忍穂井川があり、江川といって石橋をかけてある、昔から降臨橋と名づけている。

以上、八幡新田宮は、日向神話に登場する神々を祀ってあることが分かった。そして、瓊々杵尊が亡くなられた時、この神亀山に葬った。そのため可愛山稜と呼ばれている。

八幡神の八幡の名については諸説あるが、栲幡千々姫も幡の字を当てたというのも日向神話につながり興味深い。忍穂井《おしほい》川が二の鳥居を過ぎた所に流れているという。忍穂井川は高天原で天之忍穂耳命が生まれたところで、高天原の井戸ということになる。霧島東神社には忍穂井があるが、忍穂井川と名のつく川は日本各地の神社などにある。それにしても、高天原の川が八幡新田宮に流れているところに日向神話の影響が川名にも及んでいることが分かる。

瓊々杵尊が笠狭宮から遷都されたことは、『三国名勝図会』よりも早く著された『麑藩名勝考』にも次のように記されている。

薩摩国遷御の後とハ、笠沙宮より此處に遷都て高城宮と号せしを、後に神躰を崇て千臺新田宮と称さしなり。亀山峯とハ即一山の總名にて、中陵を亀の頭とし、新田宮の地を亀の胴とせるよし、

【事例3】汰宮《すべりみや》の汰は、大巳貴命が瓊々杵尊に国を謙譲心を持って譲ったという意味か。

『麑藩名勝考』には汰宮について次のように記されている。

汰宮《スヘリ》 当社一華表より西方四町餘、千臺川川辺にあり、奉社大巳貴命、土俗伝へ称ず、皇孫

瓊々杵尊高千穂峯に天降して後、千臺川の対岸、今の隈之城宮里村に在て、大巳貴命に、宮地神亀山の境地を観せしめ給ひしに、清浄なる地なる故に留止して復命《カヘリコト》せず、皇孫其遅きを疑ひ、人をして其状を伺せ給ふに、命已が住家となして帰らざるといふ、皇孫怒りて諸神をしてせめうたせ給ひし時、命後さまに汰跌《スヘリコケ》て、止られし故、此地に崇め祭りてその川をも汰《スヘリ》川と名つけぬといへり、川は即忍穂川の末流なり、この説は、大己貴命の、葦原中国の魁師（かいすい　かしらのこと）として主張たりしを、天照大神等、使者を遣して、此国を譲れ住まることを、訛り伝へしならん、位を譲る事をすべり給ふなどとあれば、汰《スヘリ》とは遜譲して、この国を去り給ひしことをいふなるへし、

〔**略解**〕

当社の一の華表より西の方に四町余行ったところの千臺川の川辺にある。大巳貴命《おおなむちのみこと》を祀ってある。土俗、即ち民間の人々が伝えているのは次のような話である。

皇孫瓊々杵尊が高千穂峯に天降りされ、千臺川の対岸、今の宮里村にあって、大巳貴命に、宮地である神亀山の境地を監視をさせていたところ、宮里が清浄な地であるために、居留しつづけ帰ろうとしなかった。皇孫は、帰るのが遅いので、疑いを持ち、その事情を伺わせた。大巳貴命は、自分の住家であるので帰らないのだと言った。皇孫は、怒って諸々の使って責め、打たせた。その時、大巳貴命は、その後、すぐすべりこけた。それ故に、この地に、汰宮を崇め祭り、その川も汰川と名づけたという。川は忍穂川の末流である。この説は、大巳

貴命が葦原中国《あしはらのなかつくに》の頭として主張したけれども。天照大神などが使者を遣わして、この国を譲られたのを、訛って伝えたのであろう。位を譲ることをすべり給う（しずかに退く）などと伝わっているのは、汰とは謙譲して、この国を去られたということであろう。

以上、汰宮の伝承は、大巳貴命が瓊々杵尊に国譲りをされた時の状況について、汰宮の伝承が逆の意味で伝わっているのだという。謙譲の精神で国譲りをされたのが「すべる」の意味の誤った解釈で逆に解釈されて伝わったことを示している。

【事例４】皇孫に授けられた八咫鏡は、宮内村の鏡野に埋められたのか。

八咫鏡を宮内村の鏡野に埋められことが伝承として、また鏡野という地名として伝わっている。

『三国名勝図絵』巻之十四には次のように記されている。

鏡野　宮内村《みやうち》五代《ごだい》にあり、伝へ称す、高古瓊々杵尊天降玉はんとするや、天照大神の御形見として、親から皇孫に授け玉へる八咫鏡を斉き奉り玉ふ所なり、故に其名を鏡野といふ、（略）

『薩藩勝景百図考』には次のように記されている。

○神亀山《しんきざん》の西にあり、むかし皇孫天降給はんとし給ふ時、天照大神の御形見として、親から皇孫に授け給へる八咫鏡影向の所なりといひ伝ふ。今この野中にして芳草数十歩圓鏡の形を成し。萋々《せいせい》として四時その色を変することなく、霜雪にも枯れず、野火にも焼けず、故に邑人麗異として常に尊み崇むといふ。（『薩藩勝景百図考』出版年不明）

『高城郷由来記』には次のように記されている。

鏡　山

むかし皇孫将に天降玉はんとし玉ふ時、天照大神の御形見として、親から皇孫に授け玉へる八咫鏡を斉ひ置奉り玉ふ所なり、故にその名を鏡野と称すよし。今この野中一町廻許、自然と真圓に一條草の色他所に異なりて茂り立る所あり。是その墟といへり。又年々火をもてこの野草を焼る例なから、此圓なる所のみはその草曾て焼けず、一際著しく見えぬるほどに、よのつね打見るたに、人の心附せらるゝ程なり。邑人も常に尊み崇めて牛馬なども猥に放ち繋かす。（『高城郷由来記』一九〇四）

『川内市史』には次のように記されている。

○小倉町にある小山で、通称鏡山《かがん》。今は、全山雑木におおわれているが、山頂には鏡野神社という小社があり、四月の花見には地区の人々は皆この山に上り、青年たちの相撲大会などがあって賑わったという。山頂には鏡野由来を書いた「鏡野碑」（安政四年〈一八五七〉と「神鏡碑」（大正六年）が建てられている（『川内市史』石塔編　一九七四年）。

『麑藩名勝考』（白尾国柱著）には「艸の色他所に異なりて茂り立る所あり是その墟なりといへり」

とある。また「鏡野叢八千臺八景の内なり」ともある。

以上、豊富な文献が残っているが筆者の民俗聞き書きは次のようなものである。

鏡山のことで、「カガイドン」（カガンドン（鏡殿）が変化したものか）と言っていた。鏡山の上にカガイドンが祀られていて、立派な鏡があった。そこで、よく相撲大会があったので子どもの頃はよく登ったものであった。現在は、高速道路が通る山の中腹にある八尾神社に合祀された。立派な鏡は新田神社に保管されている。

なお、『鹿児島県の伝説』には、「**鏡野**　皇孫川内川を遡航あらせられ、小倉に御出になると、賊共の反抗に遭ひ、三種神器も危くなったので八咫鏡を此処に埋めて難を避け給うたと伝へている」とある。一時的に埋めたもので、筆者が聞き書きした立派な鏡は八咫鏡ではなかったことが分かる。

【事例5】瓊々杵尊は、どのコースを通って川内に来られたのか。

『鹿児島県の伝説』には次のように記されている。

市来湊　市来町　伝へいふ。はじめ天孫瓊々杵尊が、笠沙の宮を出発して、江の地方（川内地方）に向はせ給はんとするや、瓊々杵尊は舟師を率ゐて、市来湊《いちきみなと》に寄港し、征戦の用意を整へ再び海路をとらせ給ひ、千台川を遡って沿岸の賊徒を退治遊ばされ、江の地方を平定し給ふたと云ふことである。

この伝説によると、笠狭宮から舟で来られ、途中、市来湊に寄港し、川内川に入られ、川を遡行して川内に着かれたことになる。

【事例6】船間島には、笠狭宮から舟を操縦してきた船頭が祀られているのか。

このことについて、『鹿児島県の伝説』には次のように記されている。

船間神社　水引村　瓊々杵尊は、川内川口から入り給ひ、先づ此島に暫し御船を留め、四方の賊を御平定なり、民情を御視察遊ばされたと伝へらる。島の中腹に船間神社がある。祭神は瓊々杵尊に伴ひ、笠沙より御案内申した船頭が此の島で病死したのを葬り給ふた跡と伝へてゐる。

船頭は、船間島で病死したことになっている。『川内市史』によると、その名は十郎太夫だったと言われているという。船間神社は新田神社の末社であるが、そこに残されている棟札には、八幡新田宮末社十郎太夫宮祠廟云々と書かれている。施主はこの十郎太夫の加護により、陸にあっては偸盗却殺《ちゅうとうきゃくさつ》を免れ、海にあっては悪風激浪の難を免かれたという。

船間神社　十郎太夫宮

○船間神社には、元禄八年（一八九五）五月吉祥日に奉納した燈籠と文化二年（一八〇五）三月吉日に二所二才中が奉納した燈籠が建てられている。

『麑藩名勝考』には、十郎太夫社について次のように記されている。

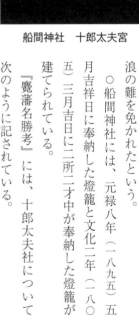

船間島に在り、○奉祀皇孫瓊々杵尊に陪従せる船長也と云て、新田宮の支社に属す、実ハ舟玉神、猿田彦大神なるへし、例祭十一月十日、凡新造の舟を海に浮へ、或ハ開帆する毎に土人輙（ちょう　即ちの意か）も神楽も奏し、神酒を供ふるを以て例とす、按に、称十郎太夫者蓋この祀官の名、後世混淆祭神せるものならん歟、

月屋山

これによると、船間島神社に祭祀されているのは、船玉神か瓊々杵尊を引導した猿田彦神である。十郎太夫というのは神官の名で、後に入り交じったものか、ということである。『麑藩名勝考』を著した白尾国柱の指摘が正しいと思われる。

【事例7】月屋山は、瓊々杵尊が、名月を見られた山か。

月屋山　水引村　瓊々杵尊湯の浦に御上陸なり、月屋山にお登りなされ名月を御覧遊ばし感慨に耽り給ふたと伝へてゐる。

このことについて『川内中伝説集』には、この山に上がって月を見たので月見山といったが、のち月夜山、さらに月屋山になったという。（『川内市史』下巻）

【事例8】京泊の地名の由来は。

『鹿児島県の伝説』には次のようにしるされている。

京泊《きょうどまり》　水引村　瓊瓊杵尊が御出で遊ばされて、京都《みやこ》の如く栄えるようにとの思召から京泊と命名遊ばされたといはれる。

○川内河口の美しい景色を見られた尊は、この地こそ、宮のある地にふさわしいとして京泊と命名された。

【事例9】宮里は、瓊瓊杵尊が、宮内に行く前に、しばらく居られた所か。

このことについて『薩藩勝景百図考』には次のように記されている。

宮里《みやざと》　高江《たかえ》の近村に宮里といふなり、里人伝へて天孫瓊々杵尊、高千穂峯に天降し給ひし後、ここに坐まし、大己貴命をして神亀山の宮地を観せしめ給ひしに、優れて清浄の地なれば、みつからその所に主張《ウシハキ》居れり、天孫復命の遅きを疑ひ、行てその状を見給ふに、己におのれ住居の地とせし程に、大に怒らせ給へは、命その威厳に懼れ後さまにすべり転べり。即神亀山の麓にして、今その所に大己貴神社あり、故にそこなる流れをも、すべり川と名つく。新田宮の磴下忍穂川の末流なり。（『薩藩勝景百図考』出版年不明）

この書では、大己貴命が瓊瓊杵尊に叛いたことになっている。その後、この宮里にしばらく居られたという。『川内市史』によれば、その場所が今の若宮八幡跡といわている。この付近からは石器などが多数出土している。また、尊への飯米を献上した所とも伝えられる。なお、若宮八幡神社は、宮里村小字堀之内にあったが明治四十三年七月に志奈尾《しなお》神社に合祀された（『川内の古寺院』一九九二)。

【事例10】瓊瓊杵尊は都にも居られたのか。

前掲の『菱刈某旧記』によれば、瓊瓊杵尊は大己貴命の叛逆により一時宮里の寓居から都八幡に遷幸し假宮を作られて大己貴命を平定されたと伝へているとある。このことについて、『川内市史 石塔偏』には次のように記されている。

都 薩摩川内市 隈之城都原は、青垣山籠る清々しい台地で、瓊瓊杵尊を祭神と奉祠する都八幡が鎮座ましますが、此處は、天孫瓊瓊杵尊、後宮居の址と伝へられる。

そして、都八幡前には、室町期あるいは南北朝期とされる五輪塔や逆修供養塔とされる宝塔もある。

現在、新田八幡の神官により祭事が行われている。都八幡前には、室町期あるいは南北朝期の五輪塔や逆修供養塔がある。有力な豪族が勢力を張っていたことも、このような日向神話に関する遺跡と結びつけられた要素か。

都町《みやこちょう》での民俗調査によると、都の人々は、瓊瓊杵尊は、最初ここに住まわれた。ここから宮里に行き、さらに宮内に移られたという。昔は、都町は川内地方の都であった。何故なら高台にあったからである。筆者(向田町出身)が、何故、こんな田舎に住まわれたのですかと聞いたところ、ある古老は、昔は宮内や向田《むこうだ》は江の中にあり、湿地地帯であったからだと誇らしく語ってくれた。

『古事記 上巻』忍穂耳尊と邇々芸尊の項では、私の子ども二柱の神が申すことに従い、私は背きません。この原中国葦《はらなかつくにあし》は、天津神の仰せのままにすっかり献上しましょう。譲ったあとは、出雲に隠れておりましょう、と述べておられる。『日本書紀　神代下』でも同様の内容で、私の頼みにしていた子もすでに国を譲り申しあげました。私も国を譲りましょう。もし私が抵抗したならば、国内の諸神も必ず同様に抵抗することでしょう、と言って瓊瓊杵尊に広鉾《ひろほこ》を与えたことになっている。

『三国名勝図会』巻之三十二でも、大己貴命は出雲国に居て、国を譲り、瓊瓊杵尊に広鉾を授けたことになっている。『麑藩名勝考』では、大己貴命が謙虚に国を譲ったことになっているが、伝承や他の本では、宮里で抵抗し、汰川で滑ったことになっている。川内では、大己貴命が抵抗し、瓊瓊杵尊に怒られてこの地を去ったことになっているが、皇孫瓊瓊杵尊の権力の偉大さを強調したためであろうか。それにしても、宮里で国譲りが行われたということは、神亀山の霊山信仰を強めようという八幡新田宮やその別当寺の影響が強大だったことが類推できる。

【事例11】樋脇町倉野《くらの》では、大昔、瓊瓊杵尊が稲の籾種を里人に与えられたのか。

倉野には稲穂《いなほ》神社があるが、『三国名勝図絵』巻之十一には次のように記されている。

・稲穂三所権現社　倉野村にあり、永正年間（一五〇四～一二一）建立の棟札あり、祭祀三月三日、十一月三日、

『樋脇町史』では次のように紹介している。

○稲穂神社　倉野木下

・祭神　オウスの神（保食《うけもち》の神）
・由緒　永正年間と伝えられている。明治四十四年に諏訪《すわ》神社に合祀されたが、稲穂の神が一緒にいたくないと言われたので、昭和二十四年に現在地に移転された。

稲穂神社にまつわる伝説があるが、『鹿児島県の伝説』には次のような紹介がある。

昔、倉野の里人、川内川の岸べで釣してゐると、稲穂の舟に乗て川を下られる神様があった。その舟は早瀬に流されて矢のやうに走っていたが、高さ十数丈もある大な巌に突当つて転覆した。里人は釣竿を投出し淵に飛込んで神様を救った。その礼に授かった籾穂から此の地の農業が始つたので、こゝに稲穂神社を建てゝ祀ったが、此の神様こそ瓊瓊杵尊であった。それで尊を祀る国幣中社新田神社のお田植えには必ず、この倉野の青年が奉祀し、秋には毎年この地から二俵の玄米を献穀することが、昔からの習はしとなっている。（『鹿児島県の伝説』）

『ひわきの民話』には次のように記されている。

稲葉神社の由来

むかしむかし、倉野の人が川のほとりで釣り糸を垂らしていました。すると川上から一人の美しい気品のある男の人がゆらゆらと川波にゆられてくだってきました。見れば大きな稲穂の舟です。里人はびっくりして思わず釣り竿を引っ込めました。舟の男は、あたりの様子を眺めながら里人にはまったく気づかない様子でした。里人が一心に見つめていると舟はスーと流れて行きました。川は深い深い淵になり、高さ二十メートルの崖が黒い影を落としています。舟は淵を流れ早瀬をはしったかとおもうと、あーっという間もなくひっくり返ってしまいました。岩かどにつきあたってしまったのです。これを見た里人はとっさに釣竿を投げ捨てて川に飛び込み、その男を救いあげました。男は大変喜んで、あなたのお陰で命をひろうた。お礼にと、一粒の籾種をちぎって里人に与え「これはよくみのる籾の種である。味もよく収穫も多い。この倉野は土地も広くよく肥えているようだから、これを蒔けば豊作間違いないだろう」と言って、また稲穂の舟に乗り川霧の中に消えて行きました。里人は、籾の種を大事にふところに入れて帰りました。そして明くる年その種を蒔きました。そして秋には、それはそれは見事な稲が実りました。それを聞いた人たちもその籾の種を蒔き、倉野の田圃は毎年豊かに実りました。後になって、この稲穂の主は、川内川の流れの付近の文化を開き、水引に祀られているニニギノミコトであることが分かりました。人々は、あの二十《メートル》の稲穂の上に社を建てて五穀豊穣の神として祀りました。これが稲穂神社です（『ひわきの民話・伝説』）。

4　倉野の奴踊り

(1)　新田神社のお田植祭りの奴踊り

倉野の青年が新田神社に奉祀しているのは奴踊りである。

六月入梅の日（六月十一日ごろ）は新田神社のお田植祭りの日であり、神田に苗を植える時に踊るのが奴踊りである。鹿児島県指定無形文化財（名称「新田神社の御田植祭に伴う芸能―奴踊・棒踊」昭和三十八年六月十七日）である。保食《うけもち》神社の前で神事が荘重に行われた後、浄められた苗を赤い袴の女の児、白半てんの男の児らが籠に入れて神田に運ぶ。

倉野の奴踊り

　この奴踊りの歴史は相当古いらしい。七百年の歴史があるとも伝えられている。今から千年も昔、平安期の中ごろ、樋脇町倉野では凶作の年が続いて、農民はお互いに困窮に打ちひしがれていた、そのある年のこと、倉野の一農民がお互いに元気づけようと、オコ（農具。稲束などをかつぐために堅木の両端をとがらした鉾の一種）の先に藁束を結びつけ、それをぐるぐる回しながら、田植えをしている田の畦のまわりを踊り歩いた。すると、その年は大豊作であったので、それ以来、保食の神に踊りとして奉納することとなり、新田神社は、川内地方の総社であったから、それを新田神社神田のお田植祭に奉納することになったという。宮内地区の人々もまた、ここは自分たちの所の神社であるからといって奴踊りを奉納するようになったという（『川内市史』下巻　一九八〇年）。

倉野の人々は筆者に次のように話してくれた。

現在は、踊り連十人ほどは、道具はトラック、踊り手はマイクロバスで新田神社に行くが、昔は、屋形舟を二、三艘借り切って、新田神社参道の川岸まで行った。引き潮の時は、速いが、満ち潮の時は舟の進みが悪い。したがって、参道川岸には予定より遅れて着くこともあり、お田植祭りを始めることができなかった。そのため倉野の奴踊りが始まらないとお田植祭は始まらないと言われてきた。

倉野奴踊りの歌詞

①（八幡神社の内庭で踊るときの歌）

植えて参らしょ、お八幡様よ／前田瀬之上、十六町／今日こそ植える、九石九斗蒔

②（保食神社の境内で踊るときの歌）

植えて参らしょ、お田の神様よ／中に黄金入れて、植えて参らしょ

③モノノミゴト（それ以外のときの歌）

ものの見事は、お八幡様よ（昔は真幸の城よだったという）／おしろは山で、前は大川

④サツキナカバ（③と同様）

さつき半ばに、誰がご嬢《ゆ》様か／髪を結いかけ門に立つ

この中で、しばしば繰り返されるのが「おしろは山で前は大川」の部分である。

倉野では、新田神社のお田植祭の前日に、正装して倉野集落右之稲穂神社に参詣し、その境内で先ず踊り、その後に小学校の校庭で踊る。

(2) 奴踊りが何故、田植えと関係があるか。

小野重朗説 奴踊りとは何か。田植えと何の関係があるか。という問題の解決はそう易いことではないだろうが、結局は田を植える田植男が、田植えに降臨する神の依り代である傘形の竿をもって田のまわりで行う儀礼である。(小野十郎 一九六三)

下野敏見説 倉野は川内から大分離れているのに、なぜ奉納するのか。これはニニギノミコトから稲作を教えてもらった、そのお礼に、籾一俵と酒樽一本を供えて、奴踊りを奉納する。昔は、倉野奴踊り一行は、川船に乗り、道中歌をうたいながら三時間ほどかかって、水流しにして五里下流の新田神社「一の鳥居」の渡し口に到着。そこから八幡様へ向け、参道を練り歩く。倉野と宮内の奴踊りは、他の御田植え祭りにおける稲霊招きのシベ竿がバリン竿に変化し、邪霊払いが強調されたものである。それに大名行列の風流が影響し、奴の振りを導入して出来上がったもので、芸能化が進展している。(下野敏見 一九八〇)

両氏とも鋭い考察で、神に降臨してもらい、稲霊を招き、あるいは、邪霊を防ぐという点では一致する。そして、倉野奴踊りの歌詞に「おしろは山で前は大川」がくり返し歌われることからお田植え踊りとされる棒踊りの歌と同じである。下野は、南九州で、お田踊りとされる棒踊りが風流化して大名行列の奴踊りが採り入れられたという。倉野では、ある男が藁束を巻いたオコを持ち、ぐるぐる回しながら田植えをしたのが奴踊りの始まりだったと伝えられているが、稲霊を招き、害虫などの邪霊を振り払うことにより豊作を祈願する意味があったものと思われる。

さて、倉野は入来院地頭渋谷定心の末子倉野範が地頭として建長二年（一二五〇）から治めた地である。この倉野氏が創建した瑞泉庵は、当時高度な仏教の研究がなされていたことが、ここにある磨崖仏群から明らかになった（『樋脇町史 下巻』一九九六）。

倉野には、倉野六地蔵塔がある。これは、逆修供養塔（予修塔）で、長文の趣意銘から、天正三年（一五七五）の作であることが分かる。また、倉野どんの墓と呼ばれる石塔群がある。これは倉野氏一族の墓なのか、渋谷氏、その援助をした相良・北原氏の墓なのか明らかでない。十数基の石塔は、すべて吉野朝初期の逆修塔とも言われている。このように、倉野には、日向神話や八幡新田宮の文化を吸収する素地が出来上がっていたことが分かる。

おわりに

以上、『三国名勝図会』など諸文献や、伝承から薩摩川内地方に伝わる日向神話を紹介してきた。事例で見てきたように、日向神話が定着した所には、古墳や磨崖仏、石塔などが存在し、そこには高貴な人が存在していた。新田神社の端陵などは最近の考古学で前方後円墳であることが分かった。中陵は円墳のようである。船間島古墳も円墳の可能性がある（小林敏男）。これらの古墳群を日向神話の神々の墓だとしている。

薩摩川内地方は、川内川を利用した交易の中心地で、渋谷氏以前から栄えていた史実が明らかになりつつある。ここに貿易都市、宗教都市が発生し、発展していったことが分かってきた。枚聞《ひらきき》神社の後に薩摩一の宮とされた新田神社とその別当寺は、平安時代から鎌倉時代以降、広い荘園を持ち、この地域の経済や信仰の中心であったから、八幡信仰に皇祖神を説く日向神話を積極的に取り入れることにより、ますます、信仰の基盤を固めていったということが考えられる。そういう意味で、薩摩川内地方は、神亀山を霊山として独特の宗教観、世界観、宇宙観が見られるようになったと言えよう。

このことは、山川や指宿を中心に交易都市が発達し、それを基盤として、開聞岳山麓にある薩摩一の宮といわれた枚聞神社とその別当寺の神官や僧侶が、山幸や豊玉姫、玉依姫、塩土翁など龍宮神話を説き、その史跡として、玉ノ井、塩釜どんなどが多数残っているように、文化の中心地であったことと同じと言える。

近年、筆者は霊山金峰山麓の調査をしたが、日向神話、霧島山岳信仰につながる遺跡や伝承が多数、残っていることが分かった。鎌柄俊夫や宮下貴浩など考古学者が、金峰山の山麓にある観音寺を精神的な核として、万之瀬川を軸とした浜と市と館および寺社、集落が立ち並んでいたのではないかという説を出している。民俗学は文献歴史学は勿論、歴史考古学の成果を採り入れながら研究を進めていかなければならないことを痛感している。

霧島信仰には、山の神信仰、同時に水分神《みくまりしん》信仰としての水神信仰が基層となっていることは忘れてはならない。そのため、竜神信仰や穀霊信仰が、水田地帯の薩摩川内市に根づいてきたことが当然考えられる。さらに、川内川沿岸の文化の発達とともに神亀山を霊山とする日向神話あるいは霧島山岳信仰に根ざす霊山観、世界観、宇宙観が成立していった。そこには、政治的、経済的に強い基盤があったからである。

本書第一章および第二章で触れたように、薩摩川内地方には、熊野信仰や日光修験思想の歴史を持つ紫尾山や、水神信仰や熊野信仰が根強い冠岳という霊山が、東北部や南部に聳え立っており、豊かな山岳宗教や神仏習合の思想が根づいている。また、海からの文化の流入も古くから見られ、薩摩川内地方の文化は、高度で複雑な様相を呈している。しかし、その基層に霧島山岳信仰が存在していたのではないか。江戸時代に高千穂論争が起こった。かなり以前の古い時代から、例えば、八幡信仰が根づく前後から存在していた可能性がある。もちろん、近世になっても霧島信仰の波は絶え間なく押し寄せてきた。

筆者は今後、文献歴史学、歴史考古学、宗教学の研究成果を積極的に取り入れながら、薩摩川内地方の霧島山岳信仰の歴史や性格についてさらに調査・研究を進めていきたい。

第五章　金峰山麓の日向神話
――中世神仏習合の展開と定着――

はじめに

金峰山麓の阿多《あた》、田布施《たぶせ》（現南九州市）を歩くと、日向神話、即ち霧島連山高千穂峯を記紀の高千穂と比定する天孫降臨伝説や山幸・海幸伝説など、霧島山岳信仰に由来する多くの石塔や山岳、神社、寺跡などに遭遇する。その背景としては、蔵王権現、田布施神社、金峰山観音寺金蔵院、勝手山多門院大明寺を中心とする密教僧や修験者、神官あるいは巫女などにより、記紀に因んだ日向神話が中世の神仏習合にもとづく信仰の話として比定され、普及されていったことが考えられる。中でも金峰山観音寺の力は大であったであろう。順を追って事例を見ていってみよう。

1　頓丘石は何故、霧島山ではなく阿多新山《にいやま》にあるのか

頓丘石と大山祇《おおやまつみ》神社　金峰町阿多（現南九州市）新山

『日本書紀』に出てくる「頓丘」は、訓は「ヒタヲ」でひと重ねの、お椀を伏せたような山と

頓丘石

か孤立した丘陵という意味で、中国の詩経に出てくる言葉である。『日本書紀』巻第二神代下では「皇孫天津彦火瓊瓊杵尊《あまつひこほのににぎのみこと》に覆《おほ》ひて降《くだ》りまさしむ、皇孫《すめみま》乃ち天盤座《あまのいわざ》を離《おしはな》ち、且天八重雲《またあまのやえぐも》を排分《おしわけ》（略）浮渚在平処（説話上からは火が明るく燃える意）に立たして、膂宍《そしし》（尾張地方〈愛知県〉の豪族）の空国を頓丘《ひたを》より覓国ぎ行去り、」とある。この意味は、「槵日の二上の天浮橋《あまのうきはし》から、浮島《うきしま》の平らな所に降り立たれ、痩せて不毛の国の頓丘より良い国を求めて歩かれ、吾田《あた》の長屋《ながや》の笠狭《かささ》の碕《みさき》にお着きになった」と解される。

金峰町阿多新山の頓丘石は、山角ケ丘《やまずみがおか》（標高二〇〇メートルほど）の急斜面を上っていくと、その中腹に鎮座している。高さ三メートル六〇センチほどの先の尖った巨石である。真ん中ほどに注連縄を張りめぐらせてある。側にその三分の一ほどの高さの石が並び立っている。これが山の中腹にあるということは、ここから上が聖域で、ここは俗界と境する結界ということになる。

大山祇神社は、天保三年（一八三二）に現地に移されているが、それ以前は、新山東の山中にあり明応五年（一四九六）に再建されたという。現在の社殿は昭和五年（一九三〇）六月に改築された。大山祇神《おおやまつみのかみ》は伊奘諾尊《いざなみのみこと》の御子で国津神《くにつがみ》として山野のことを支配し、一族は南九州一円に広

山角ケ丘

山角ケ丘山頂の岩座　大山祇命の霊蹟（森道祐氏提供）

がり、後に阿多隼人としての一大系統を作った。大山祇神は、この一族を率いて、新山の山角ケ丘に居住され、勢力をはっていたという。

山角ケ丘の山頂には巨岩怪石が積み重なっており、大山祇神霊蹟であるという。いわゆる磐座《いわくら》であるが、鳥居龍造博士がメンヒルと名づけたとされる。この磐座の直下の平坦地は、昔、神を祀った神社の跡と伝えられる。大正初期の頃までは円墳形の古墳があって、標石として自然石の塚が建てられていたという。紀元二千六百年（一九三五年〈昭和十五〉）を記念して「神代遺蹟大山祇神遺址」の石碑が建立され、昭和十五年十一月十日に鹿児島県指定史跡に指定されている。

神社付近には、大山祇神の御営田とされている宮田、御衣祓田、一町田、木花咲耶姫の遺跡である狭田《さっだ》長田、および山幸の遺跡山崎がある。また同所を流れている川を鳥居川と呼んでいる（以上『金峰町史』上巻）。
神話や伝説が生まれる背景には、磐座としての巨大メンヒルや、結界石とされる頓丘石などが存在していることが分かる。日向神話は、このような由緒ある巨岩などに比定されて遺跡となっていったのである。

2　笠狭宮《かささのみや》は何故、野間半島ではなく阿多の宮崎にあったのか

『麑藩名勝考』には次のようにある。

阿多郷の山神　阿多郷に称山神の叢祠凡三四所、并祭大山祇、蓋この阿多の地ハ命（伊弉再尊＝筆者註）か領邑にして、至是始て職方《しょくほう》（周の官命。四方の人民や貢ぎ物を掌ること）となれるにや、

阿多郷には、草むらに山神が二、三、ならびに大山祇神が祀られている。それは、この地が、瓊々杵尊の領有の地であり、支配された所であるからである。
ここには、阿多が瓊々杵尊が支配した土地であると記されている。このような伝承が阿多地方に存在していたからであろう。

上宮熊野権現社　阿多郷宮崎村に在り、○奉祀伊弉再尊一座　笠狭宮ハ宮崎に在りといふハ、この宮崎村をいふなるへし、此も阿多の地なれハ其拠あり、蓋この上宮権現社ハいと大むかしよりの鎮座あれハ、宮崎の名ハ上宮によって出しにハあらしか、（『麑藩名勝考』）

笠狭宮は宮崎村にあるというのは、この阿多宮崎村のことをいうのであろう。ここも阿多の地であるので、その根拠となる。この上宮熊野権現社が大昔から鎮座しているから、宮崎はこの上宮社のある所に因んで出たのではなかろうか。現在は、熊野神社となっており、『金峰町史』上巻には、「宮崎字持体松《もったいまつ》に鎮座している。創建は推古天皇二年（五九四）となっており、祭神は、伊弉諾尊と天照大神。又の名を上宮熊野権現社という」とある。

近くには、持躰松遺跡がある。宮下貴浩氏は『持躰遺跡の遺物から見た中世の南薩摩について』の論考で、万之瀬《まのせ》川流域の歴史的評価を行った最初の研究者である（柳原敏昭「平安末期～万之瀬川下流域」二〇〇三年）。白尾国柱がこの権現付近を笠狭宮の跡ではないかと推測した根拠は、寛政七年（一七九五）に『麑藩名勝考』を著した頃は、中世の頃からこの付近が貿易の玄関口であったという伝承があったからであろう。

3　阿多宮崎の双子池跡は竹屋だったのか

○瓊々杵尊の皇子の臍の緒を切った竹刀を棄てて繁茂した竹屋はどこにあったのだろうか。

双子池跡　日置市金峰町宮崎

瓊々杵尊《ににぎのみこと》のお后である大山祇神《おおやまづみのかみ》の娘、木花咲耶姫《このはなさくやひめ》が彦火々出見尊《ひこほほでみのみこと》、火闌隆尊《ほのすそりのみこと》、火明命《ほのあかりのみこと》の三児を産まれたとき、双子池《ふたごいけ》の地に入り口のない産屋を作り、炎炎と燃えさかる火焔の中で分娩された。その際、児の臍《へそ》の緒を竹刀で切った後、その竹を捨てたのが生い茂り竹林となった（あるいは、

雙子池遺跡に建っている石塔

土にさしておいたら竹が生い茂った）という。

昔は、この辺も竹屋と呼ばれていたと伝えられている。石碑が建てられており、表面には陸軍大将大迫南道の字で「雙子池遺跡」の文字が刻まれ、裏面には次のように記されている。


大山津見神女木花咲耶姫神於于阿多笠狭天孫瓊々杵尊一夜妊天孫疑非于其子姫漸恨臨産放火屋舎在于猛火中火照命火須勢理命火火出見命生三子三子不能火害母又聊無損以竹刀断臍緒竹刀捨所成竹林呼其地双子池云是其霊跡也

大正十二年六月
阿多村教育会

石碑がかなり破損しているので、『金峰町史』下巻も参照にして解読をした。概略は次のとおりである。

大山津見神（大山祇神）の娘、木花咲耶姫は阿多の笠狭《かささ》において、天孫瓊々杵尊の児を一夜で妊まれた。ところが、天孫は、一夜の契りでは、産まれる子は、我が子ではあるまいと疑われた。そこで姫は憤慨し、天孫に火をかけてもらって火屋舎《ほおくしゃ》（無戸室《うつむろ》　産屋のこと）において産に臨まれた。激しく燃え盛る火の中で、異常がなければ天孫の子です、疑いを晴らしてください、と言われた。そして、火照命、火須勢理命、火火出見命の三子をお産みになられた。火屋舎は焼け落ちたが、母も子も火害は受けられなかった。竹刀で臍の緒を切り、その竹刀を捨てたところに竹が生え、竹林となった。その地を双子池と言う。もって、ここがその史跡である。

薩南地方から沖縄、東南アジアへかけては、産婦を産室の炉端《ろばた》において、盛んに火を焚く風習がある。沖縄では産室の一隅にヂイル（地炉《じろ》（「ちろ」とも）。泥で固めた火鉢）を作って、火力の強い枯れ木を焚いて産婦に暖をとらせた。ここでは火は、産まれる児が天神の子か国神かを検証する手段とされている。これは火検法といわれ、インドなどにも存在するという。一方、神名の「火（ホ）」は穂、即ち稲穂を連想したもので、となると春の野焼きから穀霊の誕生が表象されるものとみてよい。そうすると、インドの火検法の思想の影響を受けていることは確かであるが、東南アジアから奄美、南薩の、お産の時は床を暖める風習を踏まえていると考えられる。

この双子池は竹屋であったと金峰町阿多の人々によって伝えられているが、『三国名勝図会』や『麑藩名勝考』『神社撰集』はどのように記しているだろうか。

○臍の緒を切った竹はどこの竹林に、また皇居はどの地にあったのだろうか。

『麑藩名勝考』には次のように記されている（仮名と註は筆者）。

竹屋郷《たけやのさと》　此竹ハ今の世に篁竹《こうちく》（籔《やぶ》の竹）とも笛竹《てきちく》（笛にする竹）とも呼る物なり、其長さ二丈許、囲二三寸、節間尺余、藩人植て墻屏《しょうへい》（垣根か）に換へ、或は舟子・山伐の輩索《はいさく》（大きい縄の類）となし、又火縄に造る、其制頗る多し、根鞭《べんぎょう》行せず（強くはびこらないという意味か。）、其笋《じゅん》（竹の子）薑芽《きょうが》（しょうがの芽）の如く叢生して、母子敢て散す、挿ハ能活く、漢名の義竹・孝竹なといふなり、笈埃随筆曰、薩隅に竹数種ある云々、一種キンメイチク（マダケの一種）といふ有、他国にて見す、太五六寸、節の間長く、中の巣細く叢生す、尤柔也、国人此竹を四枚に裂て皮なる方をとり、陶《つくり》て綱とし。航海に貯《たくわ》ふ、能水に堪て強し、故に諸国の湊に日薩の船懸りぬれハ、他国船ハ其を除《のぞき》て舟懸りす、彼竹綱と此方の苧綱《からむしづな》、海中にて摺る時は、是か為に苧綱《おづな》切る故なりとかや、

臍の緒はカナモノを嫌い、竹とか葦とかの刀状のもので切る所が多いが、薩摩の竹屋郷ではキンメイチクで切ったことになる。伊豆諸島の御蔵島《みくらじま》では、オオ竹（真竹《まだけ》）のヘラで切った。短く切りすぎると気の短い子になったり、寝小便をするといっている（二川の民俗）。（大藤ゆき『子やらい』一九六九年）

さて竹屋郷は「そもそも此地は皇孫瓊々杵尊笠狭御前に戻止まします時、宮柱太知立て御坐ましける皇宮の墟なるべし、今にも宮里・宮原又京之峯などふは、その遺称を存せるならん」と『麑藩名勝考』にある。また、『三国名勝図会』巻之二十七には竹屋郷について次のように記されている。

竹屋郷　内山田村（現南さつま市加世田内山田）にあり、川邊郡山田（現南九州市川辺町山田）の分界に係る、此所は、瓊々杵尊、吾田長屋笠狭崎に到りて、此国の美人、鹿葦津姫《かしつひめ》（木花咲耶姫のこと）を娶り、火闌隆命、彦火火出見尊、火明命の三皇子隆誕し給へる地にて、書紀、及ひ風土記に、所謂竹屋とは即此なり、其地たる一の岡山にて、其顛《てん》（いただき）に広さ二畦計の平地あり、

上古柱の礎三ッ、小石多く残り、前條鷹屋神社のありし跡なりと云（略）其祭神、所謂三皇子にて、爰に三神を祀れるは、此地に降誕の故なるべし、地志略には、王子大明神と見えたり、（略）又、竹屋郷の山下五六十間許に、竹林あり、是皇子の臍帯を載て棄し、竹林の遺蹟なり、此竹は、今の世に箽竹《きんちく》とも、笛竹とも、呼べる者也、其長さ二丈許、周囲二三寸、節相去こと尺余、（略）此竹、此山のみに叢生し、近辺にあるをなし、因て土人奇異と称ず、

内山田村の竹屋郷は、火闌隆命、彦火火出見尊、火明命の三皇子隆誕された地であり、皇子たちが出産の折、臍の緒を切った竹刀を棄てて育った竹林があるという。

鷹屋大明神のことについて『三国名勝図会』巻之二十七は次のように記している。

鷹屋大明神　宮原村（現南さつま加世田宮原）、鷹屋山の下にあり、鷹屋山一名宮原山と云、当社祭神三坐、本殿彦火火出見尊、東殿火闌隆命、西宮火明命、是也、鷹屋は又竹屋に作る、同音の故に通用す、、初め内山田村竹屋郷にありしを、此地に遷宮せりといひ伝ふ、竹屋郷は、当社三躰、隆誕の地なり、（略）又土人等の説に、此宮原村は、瓊々杵尊の皇居也、故に往古鷹屋神社を此所に建立なりといへり、又当社の後にある鷹屋山の絶頂は往古当社の在し處なり、中古山下の地に移せるとぞ、又鷹屋山の西の方の一山を、竹刀山といひて、竹林あり、苦竹《にがだけ》を生ず、此竹林は、木花咲耶姫三皇子を産給ひし時、竹刀にて、臍緒を切て棄しに、竹林となる、因て竹刀山といふといへり、三皇子隆誕の地は、内山田村竹屋郷なりといへるに、此地にも竹刀山のいひ伝へあれば、彼地より移し植しに耶、此地隆誕の處は、内山田村竹屋郷なるべし、（略）

この文の要旨は次のとおりである。

①鷹屋大明神の祭神は三坐で、本殿彦火火出見尊、東殿火闌隆命、西宮火明命である。

②鷹屋はまた竹屋に作る（竹屋と書く）。同音であるが故に通用する。

③鷹屋神社は、初め内山田村の竹屋郷にあったのをこの地に遷宮したと伝えられている。

④土人即ち人々の説に、この宮原村には、瓊々杵尊の皇居があった。だから昔は、鷹屋神社をここに建てた、という。また当社の後ろにある鷹屋山の絶頂は昔は当社の在った處である。

⑤鷹屋山の西の方の一山を、竹刀山といって、竹林がある。それは苦竹である。

⑥三皇子隆誕の地は、内山田村の竹屋郷であるといえるので、この地にも竹刀山のいい伝えがあるとすれば、彼の地から移植したのだろうか。この地が隆誕の所は、内山田村竹屋郷であるべきである。しかし、この地も瓊々杵尊の皇居であったという説も参考にすべきである。

そうすると、三皇子隆誕生の地は、内山田村竹屋郷にしても、瓊々杵尊皇居の説も竹屋大明神の辺りであった可能性を否定できない、ということになる。

裳敷野《もしきの》について『三国名勝図会』は次のように記す。

裳敷野　川畑村（現南さつま市加世田舞敷野）に属す、竹屋郷より亥方、十町にあり、頗る平坦なる原野なり、上裳敷野、下裳敷野と呼て、人家あり、上古竹屋神社ありし時、神人等が宅地の跡といふ處もあり、此より丑寅方に当り、鳥居口といふ、陸田の名あり、往古神社ありし時の、鳥居跡なりといふ、又此地に川あり、神事川といふ、祓川とも云、下流は万瀬川に入る、是往古神社ありし故、其名を得たりとぞ、又此地は、瓊々杵尊皇居の跡なりといへり、宮原村、鷹屋神社の地を、瓊々杵尊皇居の跡なりといひ伝ふに、此地も亦皇居の跡なりといへるは、蓋《けだし》瓊々杵尊、始め木花咲邪姫に遭ひ玉ひしは、此辺なりし故に、暫く行宮《あんぐう》（仮の宮）を建られ、居住し給ひ、三皇子誕の後、宮原村の地に皇居を遷し給ひしに邪、故に両處皇宮の跡のいひ伝へあるべし、上古は、皇宮の制も、簡朴なれば、處々に遷宮も自由なるべし、

瓊々杵尊が木花咲耶姫に遭ったところがこの辺だから、この裳敷野も皇居の跡で三皇子が降誕の地である、と説く。なお、現在舞敷野には「笠狭宮跡碑」が建てられている。

以上のように諸説を上げながら『三国名勝図会』は、「瓊々杵尊皇居」の項で、皇居は宮原村の竹屋神社の地であるとする。

瓊々杵尊皇居　宮原竹屋神社の地にあり、土人伝へ云ふ、宮原村の地、皇孫瓊々杵尊皇都なりと、此地たるや西は海に近く、南は遠く長屋山を望み、東は万之瀬川通し、北は竹屋山に倚り東は水田広く、土地高原ニシテ、気象陽明なり、実に皇居の處に称ふといへり、（略）又、隣郷田布施に京田といへるあり、此田に作れる米穀を此地の皇居に奉りし故、京田の名残るといふ、此京田は、書紀に見えたる、狭名田《さなだ》、及ひ渟浪田《ぬなた》の故事なるべし、此等の地名伝はるは、皇都の遺跡に由るといへり、（略）其後瓊々杵尊皇、今の高城郡水引邑千臺の地に都を遷し給へり、（略）

○さて、それでは、瓊々杵尊が、都にするための国を求めて行き着いた、笠狭御碕《カササノミサキ》とは、どこ

であろうか。

『三国名勝図会』巻之二十七には次のように記してある。

笠狭御碕 片浦村（現南さつま市笠沙町片浦）赤生木村等に係る、此地薩摩国の西辺にて、地嘴《ちし》（海中に突きだした地形）あり、海中に突出す、接壌《せつじょう》（接近していること）の處は東方にて、地嘴は西に向ふ、其長さ凡そ四里、其地の尖嘴《せんし》（するどく尖った地形）を、御碕といふ、野間嶽御碕にあること、（略）此笠砂御碕は書紀に見えたる吾田長屋《アタナカヤ》笠沙御碕にて、瓊々杵尊高千穂峯に天降の後、都すべき地を尋て到り給ひし處なり、（略）

なお現在、野間半島海岸部には「神代聖蹟笠狭の碑」が建てられている。この文の要旨は次のとおりである。

① 笠狭御碕は、片浦村赤生木などに係る地名である。『日本書紀』神代下の註でも吾田は、薩摩半島南部の地名とか、具体的に加世田市周辺の地名としている。そして、笠狭の碕は川邊郡西端の野間岬と解釈している。しかし、『古事記』では、具体的な地名として明記されていない。

② この地は、薩摩国の西辺で、地嘴《ちし》（海中に突きだした地形）であり、海中に突出している。接近している所は、東の方で、地嘴は西に向っている。其長さは、およそ四里ある。

③ この笠砂御碕は、『書紀』に見える吾田長屋笠沙御碕のことで、瓊々杵尊が高千穂峯に天降りされた後、都にすべき土地をたずねて到った所である。したがって、笠狭御碕は、海に

突き出している半島部のところにある。中央に野間嶽が聳えている。『日本書紀』の記事を『麑藩名勝考』や『三国名勝図会』は、南さつま市笠沙町片浦野間半島に比定していることが分かる。しかし、『古事記』上巻では、吾田は薩摩国阿多郡（『和名抄』）にあたるとされるが、現実との綿密な対応を求めることは問題であることを註で指摘している。

なお、前述したように、『麑藩名勝考』で白尾国柱は、笠狭宮は阿多宮崎（現南さつま市金峰町阿多宮崎）にあったのではないかと推測していることには注目しておく必要がある。

野間嶽は『三国名勝図会』巻之二十七によれば「往古は、笠狭嶽といひしを山上に娘媽神（ろうましん、のうましん）を祀りしより、野間嶽」というようになったという。野間嶽権現社については「野間嶽の八分にあり、赤生木村に属す、両社を分ち建て、東宮西宮といふ、勧請年月詳ならず、東宮二坐、瓊々杵尊、鹿葦津姫（木花咲耶姫のこと）、是なり、西宮三坐、娘媽神女、左右千里眼《せんりがん》、順風耳《じゅんぷうじ》、是なり、本府神官本田親盈神社考云、野間権現、祭神六坐、東宮瓊々杵尊、鹿葦津姫、西宮火闌隆命、彦火々出見命、火明命、其後娘媽婦人を当社に合祭す、由て野間権現と号すと、今東西両宮の祭神を検するに、東宮は瓊々杵尊、鹿葦津姫の二神なりといへども西宮は、娘媽神女、左右千里眼、順風耳、三躰にして火闌隆命、出見命、火明命の三神あることなくして、本田氏が説と合わず、是娘媽神を此に祭るに及て、娘媽神を崇奉する者。漸々盛になりて、火闌隆命等の三躰は廃せしなるべし、（略）」とある。

本田親盈が明和年間（一七六四〜七二）の頃、編纂した『薩宮日神社考』には、西宮に火闌隆命、出見命、火明命が祀られていたが、天保十四年（一八四三）に編纂された『三国名勝図会』では、娘媽神女、左右千里眼、順風耳になっていた。野間嶽権現社は、本来は瓊々杵尊など六坐であったことが分かる。なお、寛政七年（一七九五）に編纂された『麑藩名勝考』では、「東宮二座、伊弉諾命、伊弉冉尊、共木像七寸余、西宮五座、瓊々杵尊・木花咲耶姫・火々出見尊・火闌隆命・火明命、并木像、東宮ハ天文二十三年（一五五四）九月、西宮ハ永禄十年（一五六七）九月、共に梅岳公（島津忠良）再建し玉ひ、大に装飾を窮む（略）西宮に娘媽婦人を会祭すと地理志に見へたり、蓋梅岳公に始れるか、故実を失へり、」と記されている。

これによると、祭神に伊弉諾命、伊弉冉尊が加わり、娘媽婦人を祀っているとあるが、これは恐らく、梅岳公（島津忠良　島津氏中興の祖）に始まると思うが、故実を得ず、即ち、昔からのしきたりではないと断言している。また「娘媽女を祭りしより野間嶽と呼り、娘媽（媽祖のこと）と野間と音相近きか故なりといふハ付会の事なり」と記している。付会といのは無理につなぎ合わせたものということで、その説を否定している。これは白尾国柱の『麑藩名勝考』の考えが正しいと思われる。野間という地名は全国に数多くあり、修験に関わる地名ではないかという説もある。

○小考

南さつま市金峰町宮崎の双子池の所が無戸室《うつむろ》の跡である。木花咲耶姫のお産の時、竹刀で皇子の臍の緒を切り、その竹刀を棄てたところに竹が生え、竹林となったと金峰町宮崎の人々は伝えている。そうすると瓊々杵尊皇居の跡とされる加世田の竹屋郷や裳敷野の皇居の跡とは、どのような関係にあるのだろうか。

竹屋郷は万瀬川の上流である。臍の緒を切る竹は、『図会』では、きんちく竹とも笛竹あるいは苦竹とも言っているが、それらは万瀬川流域一帯に繁茂している。宮崎の双子池のあたりにも竹林があった。『麑藩名勝考』や『三国名勝図会』では記載されていないが、昭和十八年に鹿児島県肇国聖蹟調査会が調査し発行した『鹿児島県の伝説』には、記載されている。それだけ強い伝承があったのであろう。

また、『書紀』の吾田ないし阿多は、加世田周辺の地名とされている。承平年間（九三一〜三七）に成立した『和名類聚抄』には、鷹屋・田水・葛例・阿多の四郷を記している。阿多郷は近世の阿多郷、今の南さつま市金峰町阿多地区である。田水は「田伏」、今の同町田布施地区である（原口虎雄『鹿児島県の歴史』一八七三年）。もともと薩摩国全体の呼称であった阿多は、『和名類聚抄』ができた承平年間の頃は今の金峰町阿多地区をいっていた。そうすると、阿多地区にあった双子池の伝承は、阿多の人々にとって、この地が三皇子が産まれた竹屋であると信じてきた、その証である。前述したように、古くは、阿多は大隅と並ぶ、薩摩国全体のもっとも古い名称であった。加世田周辺の人々も阿多や田布施の人々も天孫瓊々杵尊の皇居を自分の住んでいる所であると信じていたことが推測される。したがって白尾国柱は、笠狭宮は阿多宮崎であったのではないかと推測している。

そして、木花咲耶姫は、巫女だったことが考えられる。竹刀が竹林になるというのは一種の感染呪術で、竹屋の地名説話となっている。この竹屋は『日本書紀』では所在不詳との註がある。そうすると、そのような感染呪術を行う巫女は古い時代の阿多のあちこちにいたことが推測される。そして、阿多と田布施には金峰山が聳え、蔵王権現があり別当寺として金峰山観音寺金蔵院があった。そこの神官や密教僧、修験者たちが、これまで伝承されてきた皇居の聖蹟を阿多・田布施だと唱え、人々に信じさせていったことと思われる。修験者たちは巫女に神霊を憑依させて、そのような口を語らせたのであろう。『記紀』に遡れる縁起を説くことによって、蔵王権現や金蔵院の権威も高まっていったことが考えられる。

4　磐長姫が、悲しみで流された涙岩はどこにあるのか

『鹿児島の伝説』（一九四三年）に次のような伝承が記されている。

○涙岩　金峰町田布施

天孫瓊々杵尊が、この地に天降された時、美人にお目がとまり、塩土神に相談されたところ大山祇神にその意を伝えられた。大山祇神は、たいそう喜んで磐長姫と木花開耶姫の姉妹をさし上げたが、磐長姫は一夜泊まられたのみで大山祇神のもとへかえされた。ここで、不和が生じて争いが金峰山と野間岳との間に起こり、野間岳の方から投げた矢石は金峰山まで届かず、磐長姫の領分の入来、阿多村の宮崎地方に落ちてそれが今も残っている。磐長姫は、金峰山の頂上にお立ちになり、自分の領分に野間岳からの矢石があるのは残念だと涙を流された。今もその滴が金峰

山頂上の岩から流れていると伝えられている。

この民話に関しては、土地の人は、これとは異なった話をしてくれる。

○昔、金峰山に海が迫っていたことの話

そこに国王が住んでいた。ある日、その国王の太子が岩に腰かけて釣りをしていた。突然、大魚がかかってきたので、引き上げようとしたら、太子は逆に海の底に引きずられて沈んでしまった。太子の母は嘆き悲しみ、あまりの悲しさに血を吐きながら、太子と同じ海の底に沈まれた。その悲しみの涙が、霊窟に一年中、絶え間ない水のしずくとなり、ポトリポトリと悲しそうな音をたてて今でも落ちている。後、太子は文殊菩薩となり、母は観世菩薩となった。金峰山では幼い子どもは登山してはいけないとされている（原話　金峰町　松山忠雄氏〈森田清美『さつま山伏』掲載〉）。

稚児の宮

涙（水）が常に滴り落ちている。

この話は、金峰山で祀られている菩薩の由来を説いている。中世の神仏習合の頃の密教僧などが唱えた話と思われる。しかし、どちらが古いか分からないが、岩長姫の涙

野間岳（御鍵宗充氏提供）

石の話も、密教僧などが語ったものと思われる。中世の神道で、記紀の話に金峰山麓の地名を結びつけることは、それだけ観音寺金蔵院の権威の増長にもからんでくるものである。土地の人々の話の母というのが磐長姫のことだろうか。瓊々杵尊から帰された姫は、どのような神と結婚されたのか。

金峰山頂の岩から涙が流れている所は、稚児の宮のことだと思われる。大きな岩窟の入口の岩が岩剱宮である。中の祠堂が稚児の宮。伝説によると、稚児が釣りに行って溺れ死んだので、ここに祀ると岩の淵から水滴が落ちているが、これは、わが兒《こ》の死を悲しむ母の涙であるという（『金峰町郷土史』上巻）。

○野間嶽から飛んできた矢石

野間嶽の神様と金峰山の神様が戦をしたとき、金峰山の神様はススキの穂を矢のように投げられた。野間嶽からは石が投げられた。その石が金峰山まで届かず、途中で落ちたのが矢石だという。

野間嶽と金峰山の喧嘩は、双方の山で修行する山伏の勢力争

野間岳から飛んできた矢石

いだと説明されてきた。それは、正しいと思われるが、この場合、笠狭の御碕がある片浦に聳える野間嶽山麓は、瓊々杵尊が都すべき土地を求めて来られた所である。しかし、金峰山麓も大山祇神の領地であった。そして、その娘木花咲耶姫を娶られた所で、やはり、皇居があったといわれる吾田、即ち阿多の地であった。野間嶽権現社で修行する修験などと金峰山の蔵王権現やその山麓の金蔵院などの神官や修験者たちの皇居説争いも原因であったと思われる。天孫の皇居や遺跡を記紀と結びつけることは、双方とも、それぞれの山岳信仰を権威づけることになったからである。

金峰町高橋の尾下公民館の前に「高橋矢石」がある。野間嶽から飛んできた矢石という。高さ一一二センチ、底辺の幅四九センチの先の尖った石碑である。尾下では、特別に祀りをしていないが、ある年に公民館のトイレ増設のため移動させた。それに携わった建設業者の人たちは罰が当たらないように、矢石に焼酎をかけ、残りを参加者で飲んで祀ったという。、高橋の矢石はもう一つ、人家の角に建っている。高さ一一一センチ、幅は下部が二四センチ、上部が三四センチで、長方形の自然石碑である。なお、矢石はその他にも、金峰町阿多中津野と日置市吹上町入来にも一基ずつある。

なお、磐長姫《いわながひめ》伝承には天孫寿命神話が伴っている。天孫は、磐長姫を父大山津見のもとへ帰された。磐長姫が天孫の子を産むことになればきっと岩のように丈夫で長生きする子を生むでありましょう。木花咲耶姫の子であれば、木の花が散るように寿命の限界があるでしょう、と磐長姫は言われた（『日本書紀』のある書では、大山津見が言ったことになっている）。したがって、天孫以降の天皇の命は、永遠ではなく寿命に限りがあるという。

5　豊玉姫を祀った水神碑は何故阿多宮崎にあるのか

○西洲《にしず》の水神様　金峰町阿多宮崎

宮崎の西洲の近くにある水神様は豊玉姫の遺蹟として伝えられている。この水神様は二つあり、一方は豊玉姫、他方は不明。昔から不思議な慣例があって、この祭りに奉祀するのは女子に限られていた。その女子は、早朝に起きて斎戒沐浴《さいかいもくよく》して供物を供え、祀ることになっていた。この水神様は荒神様で気が荒く、土地の人々は畏敬している。（『鹿児島の伝説』）

筆者がこの水神を探したところ、宮崎地区の宮崎から高橋に向かう道路沿いにある双子池石碑から、三〇米《メートル》ぐらい西の道路沿いにある水神碑がそれであることが分かった。もう一つの水神碑は不明。これらの水神のことを金峰町周辺ではシッチンドン（水天殿）と呼んでいる。以前は、万瀬《まのせ》川の川沿いにあった。周囲には松や雑木などの木が生い茂っていた。

このシッチンドンはアラガンサア（荒神様）といわれ、木や、木の枝を触っただけで祟ったという。現在地に移すときも祟りがあるので皆が恐がった。現在、阿多地区の役員が十二月に祀りをしている。しかし、この水神が豊玉姫であるという伝承は今は聞けない。高さ一四四㌢、一番下の台石の幅が一一〇㌢の大きな石碑である。

豊玉姫《とよたま》の伝説は開聞岳山麓や川辺、知覧に多い。彦火火出見命の妻となった神である。万瀬川流域に豊玉姫が居住されていたという説を説く研究者もおり、金峰山麓の阿多宮崎に祀られているのも不自然ではなかろう。

火焼岩

宝磐石あり、なお千朶《せんだ》（千の枝）の蓮華の如し、今宮殿をその上に建つ、いわゆるこれ大日遍昭尊の垂迹天照大神の霊跡なり（「金峰山由来記」）

6　塩土翁が、開聞岳山麓ではなく、何故田布施に祀られているのか

○田布施神社　金峰町

田布施神社の祭神は、受髪命《うけのりのみこと》と塩土《しおつち》の神である。受髪命は、天孫瓊々杵尊が天降の際、尊に従って降りてこられた三十二神のうちの一神である。塩土の神は枚聞神社から分霊したものである。

この田布施神社は、祭神は受髪命といわれるが、土地の人々は、塩土神と言い伝えている、田布施の千町田圃は、事勝国勝神（塩土神）の田圃だと言わ

れている。金峰山の頂上に火焼岩《ひたきいわ》があるが、昔は、この地に田布施神社があったという。祭礼の時は、そこで火を焚いたが、今も田布施神社のことを「火たき大明神」と呼んでいる。

本田親盈の『神社撰集』には「謂所塩土老翁ハ薩摩国阿多郡ノ領主也、」とある。

火焼岩は、金峰山観音寺金蔵院の院主が、元旦・春秋の彼岸に登山し、各十七日間火を焚いて供養修行した處である。それは、出漁した漁船から見ると山当てとなり、灯台がわりとなったのである。なお多布施は多夫施とも書き、田盧《たふせ》のことである。盧とは容屋《ふせや》で、打ち伏したような小さく低い家の意味である。安閑天皇（五三六年即位か。）が屯倉《みやけ》を置いた時、ここに盧を設けて、鳥獣を追ったり、窃盗を防いだりしたもので、これが地名となったものである（『麑藩名勝考』『三国名勝図会』）。

『神社撰集』にある阿多郡は塩土翁の領地だったという説にも注目しておくべきである。翁は塩田の神でもあるからである。

参考として、「三国名勝図会」巻之二十九には次のように記されている。

勝手神社　尾下村金峯山の麓にあり。（略）別当大明寺の伝に、養老中（七一七〜二四）、道慈法師錫を金嶽に留て修念し、嶽の火焼《ヒタキ》大明神を爰に崇め、大明寺を建立して護持堂となせるといふ、金嶽とは、当郷金峯山を指すなり、永禄三年（一五六〇）、梅岳君再興あり、勝手大明神の五字を書て扁額とし給ふ、元禄九年、十一月十五日、是を模写し、銅製して華表に掲く、当社を闔郷《こうごう》（領域の郷の意か。筆者註）の総鎮守とす。（略）三代実録曰、貞観十五年、四月五日、正六位上多夫施とは、此神なり、多夫施は、即地名にして、田布を田夫に作るのみ、按に神社啓蒙曰、勝手神社在大和国吉野郡吉野山、所祭之神一座愛鬘命、六十四神式ニ云、天孫降臨の之時、三十二神相添而奉天降也、次ニ為護国後見ヲ、被下テ之三十二神云々、愛鬘命勝手大明神也と、(略)

この文の要旨は次のとおりである。

① 養老中(七一七〜二四)、道慈法師が錫杖を金嶽、即ち、金峰山に留て修念した。嶽の上にある火焼大明神を爰に崇めて、大明寺を建立し、護持堂としたという。

② 永禄三年(一五六〇)梅岳君が再興した。そして勝手大明神の五字を書いて扁額となされた。

③ 『三代実録』(『日本三代実録』九〇一年成立)にいうには、貞観《じょうがん》十五年(八五九)四月五日、正六位上に叙せられた多夫施とはこの神のことである。

④ 多夫施は、即ち地名であって、田布という地名を田夫に字に作ったのみである。

⑤ 按ずるに、神社啓蒙にいうには、勝手神社は大和国吉野郡吉野山にある。、祭る神は一座で愛鬘命である。命は、六十四神式にいうには、天孫降臨の時、三十二神が相添えて天降りなさったのである。次に国を守り後見するために、下ってこられたが三十二神だという。愛鬘命勝手大明神也もその一つの神である。

なお、勝手大明神の別当が勝手山多門院大明寺で当郷、即ち、田布施郷の真言宗金蔵院の末寺である。不動明王が本尊。

7　神武天皇が東征に出た港は、日向国ではなく万瀬川にあったのか

○伊佐野　金峰町阿多宮崎

現在は、広々とした田圃になっているが、明治初年までは伊佐野権現があって、付近一帯は昔から神聖な處として畏れられていた。ここは神武天皇が日向に坐せられた所で宮居があった聖蹟と伝えられている。神武天皇が大和地方へ奠都（都を定めること）された際、来目部（くめべ　古代、大伴氏に隷属した軍事的部民）は阿多の万瀬川の渡船場を出発したと伝えられる。（『鹿児島の伝説』）

現在、金峰町宮崎字城ケ崎に権現社があり、宮崎西集落の氏神である。昔は、宮崎字宮田水入の付近に鎮座していて台風や災害のために度々遷座し昭和に入って現在地に移ったという。おそらくこの権現が伊佐野権現であったと思われる。

『三国名勝図会』巻之五十六の「葺不合尊、及び　神武天皇皇居」には、「神武は、此地（宮崎県西諸県郡高原の狭野権現別当神徳院への通路にある権現洞近辺）は御隆誕の所にて、且東征の軍事をも議せられし處にて、実に皇国に雙《なら》ひなき、慶福の霊地なりといふべし」と記されている。『麑藩名勝考』も同様な記事である。東征はここから宮崎県内を経て熊野に向かわれたという。

さて、ここ阿多宮崎の伊佐野権現の辺りが神武天皇宮居の址で万瀬川の渡船場から東征された、という伝承は珍しく貴重な伝承である。神武天皇を祭神とする神社は全国に四三七ある（『高原町史』）というが、金峰山山麓の阿多宮崎にもその伝承があったことは注目すべきである。

金峰山

妙見岳（三の岳　北岳　北斗尊星十一面大士）・本岳（一の岳　金剛蔵王権現）・文殊岳（二の岳　東岳　仏神覚母文殊大士）

8　金峰山には天津神である天照大神が降りてこられたのか

○金峰山　金峰町田布施

寛保年間（一七四一～四四）に金峰山観音寺金蔵院大阿闍梨によって記された『薩洲　金峰山縁起由来記』には次のように記されている。

夫れ金峯山は是れ閻浮随一之霊嶽、密教相応之寶山也。凡そ我朝は大日如来還国の勝地也。ここを以て大日本国と号す。（略）此の国界に一の名山あり、金峯山菩提の峯と号す。却初には金剛寶山と云ふ。山上に寶磐石あり。猶し千葉の蓮翠の如し。（今宮殿を其の上に建つ）所謂此れは是れ大日遍照尊の垂迹、天照隆誕の霊地也。

それ金峯山は、これ閻浮《えんぶ》、即ち、閻浮樹という大樹の生えている、須弥山《しゅみせん》の南方海上にある大陸随一の霊嶽である。密教相応の宝山である。凡そ、我が朝は大日如来《だいにちにょらい》還国の勝地なり、即ち、大日如来がめぐって来られてお守りしている国の勝れた地である。ここを大日本国という。この国の領域に一つの名山があり、金峯山菩提の峯という。菩提は、迷いの世界から離れた境地のことを言うが、「菩提」の字そのもので金峯山を指す。大昔は、金剛寶山、即ち、金剛界を智徳の方面から説いた世界の宝山であった。山上に宝磐石がある。なお、それは千葉の青緑の蓮華のようである。いわゆるこれは大日如来の垂迹し、即ち大日如来が、世の人を救うために、天照大神となって降りてこられた霊地である。

金峰山に大日遍昭尊が垂迹したということは、その垂迹神が天照大神なのである。金峯山が日本国で随一の霊山であるということである。ここに日本のあるいは世界の中心思想が見られる。これは、密教僧快寶らが唱えていたものである。ここに本地垂迹の理論が示されている。本地垂迹は、日本の神祇と仏菩薩の関係を説くために考え出された理論である。日本の神祇では、天津神の天照大神が天降して国津神になることはないが、中世になって密教行者の山岳修行にともない、山の神祇が仏教化された。

したがって、1~7の事例は、国津神の話で、8の天津神である天照大神とは神の性格が異なる。しかし、金峯山上を天が原と想定し、麓を日本の国の中心と考える構図が見られるのは興味深い。なお、金峰山にも霧島宮が祀られている。

さて、蔵王権現の別当寺である金峰山観音寺金蔵院には、十一面観音像が安置されている。保安四年（一一三八）十一月十五日、阿多平氏の阿多忠景が、観音寺に『相伝私領当郡（阿多郡）牟田上浦一曲荒地』を寄進している（『鹿児島県史料集Ⅶ　薩摩国阿多郡史料・山田聖栄自記』一九六七年）ので、少なくともそれ以前から観音寺が存在していた（市村高男「十一〜十五世紀の万之瀬川河口の性格と持躰遺跡」二〇〇三年）と推測されている。宮下貴浩氏によると、「建武四年（一三三七）には別府一族の僧俊忠が観音寺寺務職等は鮫島一族の鮫島千代丸に譲ったとあり南北朝期には姻戚関係により、別府氏から鮫島氏へと譲られたもの」と推定され、「中世前期の観音寺は天台系だった可能性がある」という。延暦寺とのつながりがあることから勢力拡大の一要因となったことが考えられる。

鎌柄俊夫氏は、万之瀬川流域中世前半の村のかたちを復元するにあたって、「遺跡周辺の環境をみると、最大のポイントは金峰山である」とし、金峰山麓には観音寺を精神的な核として、万之瀬川を軸とした浜と市と館および寺社、宮崎周辺の集落が立ち並んでいたのではないかと考えている（鎌柄俊夫「考古学からみた中世村落の可能性」一九九九年）。その論考を契機として、宮下貴浩氏は、発掘された小薗遺跡から、万之瀬川河口の湊からモノが運ばれてくる物流の拠点というだけでなく、経済基盤において安定した消費地の一つであったことを物語っている、と推定している。小薗遺跡は、金峰山西側山麓、境川左岸段丘上の緩い傾斜地に立地している。宮下氏は、小薗遺跡が、観音寺に近い宗教都市であったとしたら、その購買力が万之瀬川河口に輸入される貿易品を消費する力があった、と説く。

島津家第九代忠国は、嘉吉三年（一四四三）に、浦野名の観音寺を田布施村一手ケ原に移し金蔵院を建立している。島津家の影響がこの地域に及んでくるのはこの頃からで、中世末期から近世にかけてであった。

中世の神仏習合により、日向神話の国津神々が、仏の垂迹神として金峰山やその山麓に降りてくるのは、平安末期から鎌倉時代の頃である。島津氏以前の阿多平氏の頃も、神仏習合にもとづく日向神話が語られた可能性がある。

おわりに

① 神話研究は、有形民俗学の対象である

金峰山の山麓、阿多、田布施地方には、日向神話、即ち霧島山山岳信仰に関する神話や伝説が数多いことが分かる。民俗研究者の中には日向神話を軽視する傾向にある人もいる。しかし、神話は信仰を広めるために、寺社や巫女たちが語ってきたものだということを忘れてはならない。その伝説が生まれる背景になる、人々の神意を研究するのが有形民俗学である。また、塩土翁は塩田の神になったり、瓊々杵尊の子がえびす神になったり、大山祇神は山の神になったりして、民俗神になっていることなどを忘れてはならない。

② 阿多はどこだったのか

阿多は、『古事記』では具体的な地とはしていない。『日本書紀』では加世田周辺の地名としているので、現在の金峰町阿多という狭い範囲ではない。『麑藩名勝考』や『三国名勝図会』では、

薩摩半島の南部に比定して具体的な記事を載せている。日向神話は、霧島山高千穂峯に『記紀』に出てくる高千穂を比定してから霧島山岳信仰と結びついて南九州に広がっている。竹屋のところで前述したように、三皇子の臍の緒を切った竹刀を棄てて竹林となったというのは一種の感染呪術である。そこにはシャーマンや修験者たちの存在が窺われるのである。

竹屋や皇孫の宮居というところは、南九州の各地にあったのではないか。特に霊山とそこに祀られている寺社と宗教都市、それと密接な関係を持つ貿易港・都市が関与しているのである。例えば、竜宮に関する日向神話は、開聞岳山麓の枚聞神社を中心とした宗教都市、貿易都市・村落に広がっている。ここには、竜宮神話だけでなく、瓊々杵尊が訪れた話も残っている。瓊々杵尊の宮居あるいは御陵にまつわる話は薩摩川内市の新田神社周辺に濃厚な分布を示す。この神社の近くには、国府があり、国分寺があった。

③　金峰山とその山麓に広がる日向伝説に基づく霧島山岳信仰

金峰山山麓には笠狭の宮跡や、瓊々杵尊の宮居跡、木花咲耶姫の火の燃えさかる中での出産した跡、その親である大山祇神の住居跡、さらに神武天皇の宮居跡、東征のため船出した渡船場などの存在が、遺跡や石碑などの有形資料で多く見られる。それは、霊山金峰山に係わる寺社・神官・密教僧・巫女による信仰上の話として語られてきたのである。神話が伝説となり、人々の心の支えとなっていくのは自然のことである。

宮下貴浩氏によると、中世には金峰山観音寺を中心とした宗教都市が広がっており、それは万之瀬河口の貿易港からもたらされる品々を消費する力もあったという。島津氏以前の平氏が勢力を張っていた頃から、日向神話は、宗教人によって、あるいは、常民によって語られていた可能性が高い。ともすれば、江戸期中期から盛んになる国学、あるいは国家神道の学者が、高千穂論を語った後に、日向神話は霧島信仰と結びついて広がったように考えている人も多い。しかし、筆者が研究している霧島修験空順は、元禄年間の頃から、日向神話を霧島信仰と結びつけて、語り、そして修行している。そうすると霧島信仰と関連づけられた日向神話は、もっと早い時期から語られ、各地の伝説となっていったことが窺える。

例えば、野間嶽は、娘媽神以前は、瓊々杵尊などが祀られていた。娘媽神が祀られたのは、『笠狭郷土史』は、家康が明船の来港を許可した江戸時代初期から鎖国（寛永十六年〈一六三九〉）の時期と考えている。そうすると、それ以前は瓊々杵尊などを祀っていたことになる。新田神社は八幡信仰が入ってくる頃、あるいはそれ以前から、瓊々杵尊皇居説や御陵説の対象となっていた。これらを考えると、島津氏が勢力を阿多地方に伸ばす以前、阿多氏などの平氏が勢力をはっていた頃、あるいはもっと早い荘園の時代から日向神話が語られ、祀られ、信仰されていたことが推定される。そうすると、文献歴史学は勿論、歴史考古学の力も借りないと、論を進めていくことは不可能に近い。

④　金峰山の天津神、天照大神と麓の国津神の構図

金峰山には大日如来の垂迹神として、天津神である天照大神が祀られている。麓には国津神に

関する史跡が数多く存在する。金峰山山岳信仰ではあるが、実は霧島山岳信仰の要素が色濃い。そこには、金峰山を中心とする、霧島山岳信仰の構図が皮肉にも描かれているのである。それ以上にあたかも、金峰山が霧島山であったかのような錯覚を与える。

金峰山や開聞岳などの霊山も霧島山と同じように、神の降臨する霊地であり、ともすれば天孫降臨の地でもあったという伝承を生み出していることは何も珍しいというわけではない。霊山の山麓には、宗教をネットワークとした宗教都市や貿易都市が広がり、都市や村を繁栄させるための神話や伝説が生み出されていった。ここに霊山金峰山を中心とする神話観、あるいは宇宙観、世界観が広がっていることが分かってくる。

民俗学や民具学は、その史実を確かめるというより、その地の人々の神意なり思想を追求していくのが目的である。金峰山麓に広がる、繁栄してきた貿易都市、あるいは村であった阿多や田布施の人々は、豊かな神話や伝説を、ゆかりのある地名と結びつけて生み出してきた。その拠り所となったのは、由緒ある結界石としての、あるいは磐座としての巨岩や岩窟であったり、発掘以前に考古遺物が散見されたりする場所である。

民具学から宗教の本質を探っていくには、その地域の、有形史料である、巨岩や岩窟、散見される考古遺物、即ち、信仰や宗教にもとづく民具に着目していかなければならないということを、この金峰山麓で痛感した。そして、中世都市を研究する歴史考古学の存在を抜きにしては、多くは語れないということにも気づかされた。

第六章　海の霊山

1　開聞岳の歴史と神話

開聞岳《かいもんだけ》は、薩摩半島の南端に位置し、端正秀麗な山容をなしている（標高九二四メートル）。海門岳《かいもんだけ》、金畳山《きんじょうざん》、薩摩富士ともいわれる。山体の大部分をなす円錐形の成層火山（コニーデ）と山頂部分の溶岩円頂丘（トロイデ）からなる複式火山（トロ・コニーデ）である。北部と北東部を除き、全面が東シナ海から屹立している。『三国名勝図会』に「秀絶の状、芙蓉一朶《ふよういちだ》を雲表に挿むが如く」とある。山頂には「小水泉あり、不増不減」にして人々は神泉と称したという。

(1)　開聞神社

北麓には、この山を御神体とする薩摩一ノ宮であった救聞《ひらきき》神社がある。これは開聞神社とも呼ばれる。海門のその別当寺は、開聞山《かいもんざん》普門寺《ふもんじ》瑞応院《ずいおういん》であった。本尊は聖観音で開山は智通と伝承されている。真言宗の舜請和尚が中興で坊津真言宗一乗院《ぼうのつしんごんしゅういちじょういん》の末である。

『三代実録』（延喜一年〈九〇一〉）によると、貞観十六年（八七四）の秋に開聞岳が大爆発したことが分かるが、その開聞岳を「開聞神山」と記してある。爆発を神の怒りと見たのであろう。開聞神社の鳥居の前に立つと神社の上に荘厳な開聞岳がそびえ立っているのが見える。この神社を拝むことは、開聞岳を遙拝することになる。

開聞（枚聞）神社から見た開聞岳

開聞神社は、古くから和多津美《わだつみ》神社の称があったことが知られる。すなわち海神を祭ってあるのである。しかし、この海神には、猿田彦《さるたびこ》説と塩土老翁《しおつちのおじ》説の二つがある。また、豊玉彦命《とよたまひこのみこと》と豊玉姫《とよたまひめ》あるいは豊玉彦夫婦も祭ってある。

開聞神社より北にはカルデラ湖として湖表面積九州最大の透明度の高い池田湖が開けている。『図会』に「神龍潜居する所なりとて、湖面風なきに波浪起り、或いは水五色の文をなし（略）神変測るべからず」とある。大蛇伝説があり、それを祀る池王明神の石祠が建てられている。

神火による官位

『鹿児島県火山志』によると、

・『日本三代実録』（藤原時平編　延喜元年〈九〇一〉成立）ニ曰ク

貞観二年（八六〇）三月廿日庚午　薩摩国従五位上開門神　加従四位下

・『類聚従国史』（菅原道真編寛平四年〈八九二〉成立）ニ曰ク

貞観八年（八六六）四月七日辛巳　授薩摩国従四位下開聞神従四位上

・『神階集』ニ曰ク

元慶六年（八八二）十月戊申　薩摩国開聞神授正四位下（中略）彼是照考スレバ、其ノ嶽変ニ依テ三殿叙位ヲ行ヒシコト、更ニ疑フベキニアラズ

御嶽神火之事

『開聞古事縁起』に次のように記されている。

壬王五十六代清和天皇貞観十六年（八七四）申午年於ヨリ当山頂地中、起思火洞然如如劫火、灰雨砂降如雨如雪、其振動響百里外由、奏太宰府。府以伝上都、依之如封廟領二千戸、謚正一位為薩州総廟宮慰諭神廟、于時貞観十六甲午年七月十七日官府ト云々、乃至中間興廃不委委矣

貞観十六年の大噴火により、開聞神廟に封戸廟領二千戸を封じ、謚正一位を授けたということである。封戸《ふこ》は律令制で上流貴族に与えられた俸禄のこと。その田租の半分、後には全部と調・

庸を貴族の収入とした。

大噴火があったら、朝廷は神廟に官位を授け、封戸も与えて救済し、これ以後の開聞岳の鎮火を祈願していたことが分かる。神火は悪政に神が怒ったのだという説もあるので、火山の噴火があったら素早く適切な施政を行ったと思われる。

国司が潔斎して幣を奉る

『日本三代実録』に次のように記されている。

薩摩国言、仁和元年（八八五）七月十二日夜、衆星不見、砂石如雨、検之故実、頴娃郡正四位下開聞明神発怒之時、有如此事、国宰潔斎奉幣、雨砂仍止（以下略）

仁和元年（八八五）七月十二日の夜、星が見えないぐらい砂石が雨のように降った。このいわれを調べてみると、開聞明神が怒りを発した時、神火が起こるということが分かった。そのため、国司が潔斎して幣を奉ったことが記されている。前述したように、国としても悪政のせいで神火が起こると人民に思われてはいけないので、国司が潔斎して奉幣したことが推測される。

(2)　大宮姫伝説

これらの説とは別に天智天皇皇后大宮姫《おおみやひめ》説もある。『図会』には、その説が出たのは鎌倉時代であろうと記されている。薩摩川内市の新田《にった》神社と薩摩一の宮を争ったとき、この説が立てられたのだろうという。延享二年（一七四五）に開聞神社別当瑞応《ずいおう》院三十七世快宝法印が現した『開聞古事縁起』によると、次のような大宮姫の話が記されている。

開聞岳北麓にある岩屋で、大化五年（六四九）に神仙塩土《しおっちの》老翁が修行していると、牝鹿が来て閼伽《あか》（仏前に供える水を入れる器）の水を飲んだ。するとその鹿はすぐ懐妊してしまった。やがて鹿の口から玉のような女の子が生まれた。その時、岩屋の草庵は金色の光がさし、木々種々は美しい花で彩られ、小鳥の鳴き声がさえ、黄金世界・極楽浄土を思わせるような光景となった。その女の子は瑞照があらわれたので瑞照《ずいしょう》姫と名づけられた。やがて、朝廷の采女《うねめ》として迎えられたが、後、天智天皇の妃となり、帝の寵愛をほしいままにしていた。しかし、女官たちから美貌と出世を妬まれて排斥のきざしが出た。姫は牝鹿から生まれたせいか足の爪が二つに割れていて、あたかも牛の爪のようであった。そのため姫はいつも足袋をはいていて他人に素足を見せなかった。ある雪の日、女官たちは姫を誘い出して雪投げをした。姫は楽しく雪投げをしていたが、突然、足袋が抜けて足が牛の爪のようになっていることが分かってしまった。恥ずかしさのあまり姫は開聞の里に逃げ帰ってきた。天智天皇は皇后を慕い、ひそかに開聞山麓の離宮に入り、姫とともに暮らし、この地で崩御《ほうぎょ》されたという。

大宮姫伝説は、海神および太陽神を報ずる海人部の持ち伝えた信仰、祭儀の複合したものだという説が立てられている（村田熙「大宮姫伝説考」一九六四年）。

開聞岳北麓の岩屋は昔、山伏が修行していたという伝承がある。山麓は頴娃《えい》山伏が勢力を保っていたといわれるが、「頴娃御家聞書」の著者竹内連光は、実名を実信という名前の知られた頴

穎娃方面から見た開聞岳

娃山伏であった。代々、竹内家は山伏家として存続した。

(3) 航海神としての開聞岳

開聞岳は、航海者にとって、海上からの、きわめて重要な目じるしで航海神としての信仰が厚かった。『図会』によると、南西諸島から薩摩に帰ってくるとき、開聞岳が見えたら「船中必ず酒を酌《くみ》て、遙に開聞神を祭る」しきたりであったという。指宿市の岩本では、若者が初めて漁に出て、開聞岳の沖に行ったときは、両手にシャモジとシャクシを持って船の中を回るしきたりがある。これをサンコンメという。これをしないと将来、この若者は豊漁に得ることがないといわれた。

2 紫尾山への航海安全・大漁祈願信仰

大漁石奉納出水市武本岩床にある紫尾山の上宮神社の境内や出水郡長島町の行人岳には船の航海安全を祈る自然石が多数、奉納されている。経は二～三〇チセンほど。出水地方は、漁民が霊山や

紫尾山上宮に奉納された祈願の自然石
（銘）叶大漁　航海安全　広榮丸　牛の濵漁

行人岳の蔵王権現内の奉納された自然石
（銘）航海安全　大漁　哲丸　旭丸（阿久根市の漁船）

修験道を崇拝しているのが特色である。山上に石を奉納し、山の高さを少しでも増してあげ、幸運を祈るというのは霧島の高千穂などに見られる。しかし、出水地方は航海安全や豊漁を願うところに意味がある。

長島の行人岳の山頂（標高三九三・七メートル）には蔵王権現が祀られている。『名勝志　再撰方　長島』（文政七年〈一七六二〉）によると、宝暦十年（一七六二）に奉納されたものであるという。当山派修験者である長友真乗院が祭りをしていた。頂上には、行者を逆さにつるして下を覗かせる覗きの岩場がある。筆者も、絶壁の岩場の上から覗いたが身のすくむ思いがした。蔵王権現への参道には、第二次世界大戦中に建てられた石灯籠がある。若者が出征する時、山麓から重い燈籠を背負って行人岳に登った。戦争中に無事に帰還できることを祈って建てたという。行人岳北麓の鷹巣には、長友家歴代修験の墓が残されている。行人岳の蔵王権現は、昔から人々の災厄除去、大学・高校合格祈願、漁民の豊漁、航海安全祈願などの守護神となっている。若者には縁結びの神としても崇敬されている。現在、三月と九月の二十八日に盛大な例祭が行われている。行人岳は阿久根市や出水の漁民の崇敬が高いことが分かる。

熊野信仰の影響を受けた紫尾三所権現は修験道の聖地であった。長島の行人岳の蔵王権現も当山派修験長友家などの修験僧の修行の場であった。修験道は現世利益《げんぜりやく》を重んじる。

漁民にとって、海から見える紫尾山も行人岳も、航海の目安となる山当てとなる霊山で、大漁や航海安全を祈る聖地であったことが分かる。なお、熊本県天草市本町福岡地区にある行人岳は、天草市五和町鬼池宮津の漁民には豊漁と航海安全を保証してくれる。海が荒れた時は、行人岳の方を向いて拝めば海が静かになるという。昔、宮津の漁民が航海中、闇夜に大時化に遭い、途方にくれて行人岳を祈った。すると頂上に灯明がともり、帰る方向を教えてくれたそうである。

阿久根、出水、長島の漁民は、大漁と航海安全を祈り、正月休みなどに行人岳にお参りに行き、自然石に願いごとを書いて奉納してきた。紫尾山には、正月休みなどにさつま町鶴田の紫尾温泉に行き、紫尾神社と上宮神社に大漁と航海安全の祈願をしてきた。紫尾山や行人岳は、昔は航海安全の目印になっただろうが、今は漁船に精密な機械が取り付けられているので、そのような話は聞かない（北さつま漁業協同組合長 佐潟芳蔵氏（昭和一四年一月一三日生）の話）。

なお、紫尾山の上宮神社は、水神として崇敬され、旱魃の時は、山麓の集落では雨乞いに行くものであった。『西田孫右衛門日記』では、紫尾山は昔から雨を降らせ、山が高いので台風除けにもなった。大正七年（一九一八）の旱魃で稲が枯死しそうになった時は、出水町長の命で各戸一人ずつ登山し、頂上で大火を焚いて雨乞いをした。その時は、雨が降らなかったが、直後に、登り大火を焚いたら大雨になったという旨の記録がある（『私の人生 四号 西田孫右衛門』平成三年）。さつま町平川では、雨が長く降らないと、昭和二十年代までは、平川の四集落の代表が紫尾山に登り、鉦や太鼓を鳴らして降雨を祈願していた。

3 福岡行人岳（天草）の歴史と民話

熊本県の天草には四つの行人岳、鹿児島県出水郡長島町《いずみぐんながしまちょう》に一つ行人岳がある。ここでは、伝統的な民俗行事、行人様祭りが盛大に行われている天草市本町本福岡地区にある「福岡行人岳（標高四〇九㍍）」を中心に紹介していきたい。

ここの行人岳は別名、「行忍岳」ともいう。山頂の御堂には「行人様」と呼ばれる観音菩薩石像が祀られている。山そのものをギョウニンサマと呼んでいる（大田黒司『天草の民俗信仰』）。昭和二年に東国寺二十七世大峰石龍大和上が、福岡地区の松下才六から借りて書写したという「福岡《ふくおか》行忍嶽略縁起《ぎょうにんだけりゃくえんぎ》」がお堂に飾られている。縁起であるので時代、人物ともに確証に耐えがたいものではあるが、山麓の福岡地区や五和《いつわ》町《まち》の鬼池宮津《おにいけみやづ》の人たちは、この「行人様」を厚く信仰し、現在まで祭りを盛大に催してきた。

行人岳（行忍岳）

仙人様といわれる行者の飛び石

縁起と伝承によると、昔、「行人様」が、一本歯の下駄を履いて雲仙岳や阿蘇山、霧島連山などを次々と飛び渡って修行し、村人の安全と村の繁栄を祈願していたという。
「行人様」が、あまりにもやすやすと雲仙岳まで飛んで行くので、その様子を見ていた弟子の一人が、自分も飛んでみようと思った。ある日、「行人様」の下駄を無断で借りて飛んでみた。しかし、修行半ばの弟子は、空中に飛び立ったはよかったが、いかんせん真っ逆さまに墜落して命を落とした。落ちた所が福岡地区の葛根川《くずねがわ》の淵であった。そこを現在は「こうず淵」とも「小《こ》僧淵《ぞうぶち》」とも呼んでいる。すぐ近くの山裾に亡くなった弟子の墓とされているものがある。

この「行人様」は、あるとき、菊池《きくち》出身の浪人で鶴郷に住む金兵衛と嘉右衛門の狩人二人から殺された。放たれた火箭に当たり行人様は帰らぬ人となった。時代は江戸時代とも天正の頃ともいわれている。「行人様」の墓といわれているものが、本町鶴の香福庵《こうふくあん》西側の墓地にある。享保十三年（一七二八）の銘がある。殺した狩人二人の子孫は不幸が続いたという。

行人岳の「行人様」と呼ばれる観音菩薩像にも享保十三年と刻まれている。この観音菩薩を信仰すれば足腰の病気をはじめ多くの難病も治癒されると信じられている。また、雨乞いも行われ、水を奉納して般若心経を唱えると慈雨があるという。御堂のすぐ近くには清水が湧き出ており、それを「行者水」という。

① 妙法蓮華経一石一字塔

お堂の側にある。「妙法蓮華経一石一字塔　天保四年癸巳七月廿六日　惣願主　福岡村　世話人　鶴田兼蔵」の銘がある。ここは修行者が、祈願のために一字一石を奉納した所で、そこにこの石塔が建てられたことが推測される。お堂の裏側には、子安観音の自然石が建てられている。ここの苔を削り取って飲めば、腹痛が治ったり、安産が約束されるという。妊婦は、安産を祈願して、無事出産すれば願成就のお礼に詣る。

一本歯の下駄奉納　行人様といわれる権現様菩薩へ

② 航海安全の神

行人様は、五和町鬼池宮津の漁民には、豊漁と航海の安全を保証してくれる。現在でも、海が荒れた時は、行人岳を向いて拝めば海が静かになるという。昔、宮津の漁民が航海中、暗夜に大時化にあい、途方にくれて行人岳に祈った。すると頂上に灯明がともり、帰る方向を教えてくれたそうである。

③ 一本歯の下駄奉納

お堂には、願成就のお礼として奉納された一本歯の下駄が山高く積まれている。下駄には、「奉納　願成就　〇〇〇〇（氏名）」などと書かれたものが多い。なお、鬼池の漁師に一本歯の下駄を奉納する習慣がある（大田黒司『天草の民俗信仰』）。「行人様」が修行のために履いた一本歯の下駄の呪力にあやかろうとするものである。

④　**行人様の祭り**

祭りは、旧暦の二月十八日（現在は、それに近い日曜日）に行われている。当日は、人々が、各自で作ってきた赤飯や煮染などの料理が供えられる。般若心経を皆で唱えた後、直会にその料理を食べる。自分の料理を人に分け与える光景は微笑ましく、人々の温かみを感じさせる。山麓の福岡地区だけでなく鬼池からも詣る。

⑤　**長島行人岳の蔵王権現像**

鹿児島県出水郡長島町の行人岳（標高三九三・七メートル）については前項にふれたが、この行人岳からは天草、長島北部海岸、獅子島《ししじま》、伊唐島《いからしま》、桂島《かつらじま》などが一望できる。山頂には、蔵王権現像が祀られている。「名勝志再撰方　長島」（文政七年〈一八二四〉）によると宝暦十二年（一七六二）に奉納されたものであるという。修験者である長友真乗院《ながともしんじょういん》が、祭りをしていた。頂上には、行者を逆さ吊して下を覗かせる行をしたと伝承されている覗きの岩場がある。絶壁の岩場の上から覗くと身のすくむ思いがする。少し下れば坊主屋敷跡も残っている。頂上付近の蔵王権現への参道には、第二次世界

覗き　行人岳（鹿児島県長島町）

大戦中に建てられた石燈籠がある。若者が出征するとき、重い燈籠を麓から背負って行人岳に登った。戦争中の無事と帰還できることを願って建てたという。行人岳北麓の鷹巣には、長友家歴代修験の墓が残されており、大切に保存されている。

行人岳の蔵王権現は、昔から、人々の災厄除去、漁民の豊漁、航海安全祈願、交通禍防除のための守護神となっている。若者たちには縁結びの神として尊崇されている。現在、年三月と九月の二十八日に盛大に例祭が行われている。

大田黒司氏は、行人岳は一種の山当てと指摘している。山当てとは、海上から自船の所在やその進路あるいは海中の暗礁の所在を利用するための目標をいう（小川徹太郎『日本民俗大辞典』下所収）。大田黒司氏は適切な考察を行っていることに注目したい。

【参考文献】

全体を通して

山折哲雄監修『世界宗教大事典』一九九一年　平凡社
『日本民俗大辞典』二〇〇〇年　吉川弘文館
石田瑞麿『仏教語大辞典』一九九七年　小学館
『三国名勝図会』一八四三年　薩摩藩の命により本田親孚、平山武毅が編纂（一九六六年　南日本出版文化協会）
白尾国柱『麑藩名勝考』寛政七年（一七九五）（『麑藩名勝考　鹿児島県史料』鹿児島県　一九八二年）
『鹿児島県史料　旧記雑録拾遺・伊地知季安著作史料集五』二〇〇四年　鹿児島県
寺島良安編『和漢三才図会』一七一二年刊

第一章

室木弥太郎校註『説教集』二〇一七年　新潮社
三野恵『刈萱道心と石童丸のゆくえ』二〇〇九年　新典社
三野恵『苅萱　石童丸物語』二〇一〇年　勉誠出版
朝河貫一編『入来院文書』一九二六年　日本エール大学学会
『祁答院記』一七一六〜三五年書写　祁答院郷
宮家準『修験道と日本宗教』一九九六年　春秋社
『千台』第四二号　二〇一四年　薩摩仙台郷土史研究会
『鶴田町史』一九七九年　鶴田町
『鶴田の文化財』四　発行年度不詳　鶴田町
『鶴田再撰方糺帳』一八二四年
『東郷町郷土史』一九九〇年　東郷町
『東郷町文弥節人形浄瑠璃報告書』二〇〇二年
鈴木正崇『女人禁制』二〇〇二年　吉川弘文館
『宮之城町史』一九二六年　宮之城町

第二章

宮田勇吉『現王神社・氏子の言伝え』一九九八年　自家版
福元忠良「吉川ヤマンカンと平家落人伝説——城上の歴史をさぐるⅡ」一九九九年（『千台』第二七号）
福元忠良「中間　山之神・鎮守権現・オイナイサマ講——城上の歴史をさぐるⅢ」二〇〇〇年（『千台』第二八号）
長曽我部光義・押川周弘『六十六部廻国供養塔——〈石に聴く〉宮崎県の石塔採訪記——』二〇〇四年　岩田書院
熊本民俗文化研究会編「八代の民俗」（『九州・沖縄の民俗　熊本県編』一九九六年　三一書房）
山口保明『宮崎の狩猟』二〇〇一年　鉱脈社
『川内川流域緊急調査報告書Ⅰ』一九七四年　鹿児島県教育委員会
小野重朗『南九州の民俗文化』一九九〇年　法政大学出版
千葉徳爾『狩猟伝承研究』一九六九年　風間書房
千葉徳爾『続狩猟伝承研究』一九七一年　風間書房
千葉徳爾『狩猟伝承研究　後編』一九七七年　風間書房
千葉徳爾『狩猟伝承研究　総括編』一九八六年　風間書房
石川純一郎『会津の狩りの習俗』二〇〇六年　歴史春秋社

野口実『伝説の将軍　藤原秀郷』二〇〇一年　吉川弘文館
宮田登・宮本袈裟雄『日光山と関東の修験道』一九七九年　名著出版
永松敦『狩猟民俗研究　近世狩猟の実像と伝承』二〇〇五年　法蔵館
福田アジオ等編『日本民俗大事典』二〇〇〇年　吉川弘文館
下野敏見『南日本の民俗文化誌5　種子島民俗芸能』二〇一〇年　南方新社
『大口市郷土誌　上巻』一九八一年　大口市
『東郷町郷土史』一九六九年　東郷町
『東郷町の昔話』一九八七年　東郷町教育委員会
『宮之城町史』二〇〇〇年　宮之城町

第三章

安田喜憲編著『山岳信仰と日本人』二〇〇六年　NTT出版
『川内市史　石塔編』一九七四年　川内市
『新編　串木野市文化財要覧』二〇〇三年　串木野市教育委員会
『鶴田町史』七七四〜七七六ページ
『樋脇町史』一九九一年　九七一〜九七二ページ　樋脇町
森田清美『さつま山伏』一九九〇年　春苑堂出版

第四章

中野幡能編『八幡信仰』一九八三年　雄山閣
山川佳紀・神野志隆光　校注『古事記』一九九七年　小学館
小島憲之等校注・訳者『日本書紀①』一九九四年　小学館
小野重朗『新田八幡お田植祭と奴踊』（『鹿児島県文化財調査報告書』第十集　一九六三年）
下野敏見『南九州の民俗芸能』一九八〇年　未来社
小林敏男「神代絵の山稜の変遷と決定事情」（鹿児島短期大学『研究紀要』四六号　一九九〇年）「薩摩藩の神代三陵研究者と神代三陵の画定をめぐる歴史的背景について」（鹿児島短期大学『研究紀要』四七号　一九九一年）
日隈正守「薩摩国一宮制の特徴について」（『千台』第三七号　二〇〇九年）「薩摩国一宮八幡新田宮について」（『千台』第三八号　二〇一〇年）
江之口汎生「『新田宮縁起』考」（『文化川内』第九号　一九九五年）「『新田宮縁起』考（その二）」（『文化川内』第十号　一九九六年）「霧島と高千穂峰」（『千台』第三三号　二〇〇六年）「可愛陵から可愛山稜へ」（『千台』第三八号　二〇一〇年）
牧山望『祁答院藺牟田郷誌』一九七三年　藺牟田郷誌刊行会
『霧島連山の山岳霊場遺跡』二〇一五年　第五回九州山岳霊場遺跡研究会
『鹿児島県の伝説』一九四三年　鹿児島県肇国聖蹟調査会
『鹿児島県文化財調査報告書』第一〇集　一九六三年　鹿児島県教育委員会
『けどういんの民話』一九七九年　祁答院町
『祁答院町史』一九八五年　祁答院町

『樋脇町史』下巻　一九九六年　樋脇町
『樋脇町の文化財』一九九四年　樋脇町
『菱刈町郷土誌』一九七三年　菱刈町
『大隅町誌』一九七三年　大隅町
『姶良町郷土誌』一九九五年　姶良町
『牧園町郷土誌』一九八一年　牧園町
『垂水市史　上巻』一九七四年　垂水市
『川内市史』下巻　一九八〇年　川内市
『川内市史　石塔編』一九七四年　川内市
『川内の古寺院』一九九二年　川内郷土史研究会
『宮崎県史　別編　民俗』一九九九年　宮崎県
『都城市　別編　民俗・文化財』一九九六年　都城市
森田清美『霧島山麓の隠れ念仏と修験』二〇〇八年　岩田書院

第五章

宮下貴浩「山岳寺院と港湾都市の一類型」二〇〇三年（財団法人　古代學協会『古代文化』特輯　掲載）
柳原敏昭「平安末～鎌倉期の万之瀬川下流地域」二〇〇三年（同『古代文化』掲載）
市村高明「十一～十五世紀の万之瀬川河口の性格と持躰松遺跡」二〇〇三年（同『古代文化』掲載）
鎌柄俊夫「考古学からみた中世村落研究の可能性」二〇〇二年（『古代文化』掲載）
原口虎雄『鹿児島県の歴史』一九七三年　山川出版
下野敏見『御田植祭と民俗芸能』二〇〇四年　岩田書院
下野敏見『南九州の伝統文化』二〇〇五年　南方新社
大藤ゆき『兒やらい』一九六九年　岩崎美術社
山口佳紀・神野志隆光校注『古事記』一九九七年　小学館
小島憲之など校注・訳者『日本書紀1』一九九四年　小学館
『鹿児島県の伝説』一九四三年　鹿児島県肇国聖蹟調査会
『金峰町史』上巻　一九八七年　金峰町
『南さつま市金峰財史跡マップ』南さつま市教育委員会
『歴史のパノラマへようこそ―南さつま市の文化財―』
森田清美「媽祖と民間信仰についての一考察」二〇〇〇年（『宗教民俗研究』第十号　掲載）
森田清美「薩州金峯山由来記」提供・解説　一九八四年（五来重編『修験道資料集2』名著出版　掲載）
森田清美『さつま山伏』一九九六年　春苑堂出版

第六章

小川亥三郎「開聞岳信仰について」一九七七年（中野幡能編『英彦山と九州の修験道』名著出版）
村田熙「大宮姫伝説考」一九六四年（鹿児島民俗　学会『鹿児島民俗研究』第一号）
鶴田徳雄『行人様』年代不詳　自家版
大田黒司『天草の民俗信仰』二〇二二年　鉱脈社

あとがき

まえがきで述べたように、高野聖が紫尾山麓や南九州の人々に菩提心を高めさせていったこと、及び狩猟の神といわれる日光修験に基層を置く現王信仰について述べてきた。あわせて日向神話についても論じることを試みた。

果たして正確に伝えられたかどうかは読者の厳しく且つ暖かな判断を待ちたい。

この著を執筆するにあたり宮崎県や鹿児島県の各市町村の文化財担当、各寺の住職・郷土史家の方々に大変お世話になりました。心からお礼を申し上げます。

そして最後になりましたが、現在の困難な出版事情にもかかわらず快く出版に踏み切ってくださるとともに、本書構成や編集などに細かい点まで気配りくださった鉱脈社の川口敦巳社長、および編集制作にあたってくださった同社社員には深く感謝申し上げます。

令和六年六月吉日

［著者略歴］

森田　清美（もりた　きよみ）

1939年　鹿児島県薩摩川内市生まれ
1964年　鹿児島県立高等学校教諭となる
1973年　鹿児島県育英財団の派遣留学生、東京教育大学（現筑波大学）文学部の研究生として１年間留学
1975年　鹿児島県明治百年記念館建設調査室（現鹿児島県歴史資料センター黎明館）学芸主査、資料収集・展示設計に８年間従事
2000年　川島学園鹿児島実業高等学校教諭となる
2000年　鹿児島大学大学院修士課程　人文社会科学科（人間環境文化論）修了
2004年　九州大学大学院後期博士課程（比較社会文化学部日本社会文化史）単位取得
2006年　博士（比較社会文化）〔九州大学〕
2002年　第28回南日本出版文化賞受賞（『ダンナドン信仰』）
2014年　鹿児島県文化財功労者賞受賞（鹿児島県教育委員会）
現　在　志學館大学人間関係学部 非常勤講師（鹿児島大学法文学部元非常勤講師）日本山岳修験学会員（理事）、日本民俗学会員（評議員）、日本民具学会員（評議員）、鹿児島民俗学会員（副代表幹事）、鹿児島民具学会員（前会長）

【主要著】

『牧崩壊過程における入会の研究 ── 種子島の入会 ── 』
（文部省科学研究費補助金報告書　自家版　非売品　1974年）
「薩摩大隅の山岳伝承」（五来重編『修験道の伝承文化』名著出版　1981年）
「薩摩金峰山縁起由来記　解題」（五来重編『修験道史料集 Ⅱ』　同）
『薩摩やまぶし ── 山と湖の民俗と歴史 ── 』（鹿児島文庫35　春苑堂出版　1996年）
『串木野まぐろ漁業史 ── 大海の腕と肝の男たち ── 』
（監修・著　串木野船主組合発行　1996年）
『ダンナドン信仰 ── 薩摩修験と隠れ念仏の地域民俗学的研究 ── 』
（第28回南日本出版文化賞受賞）（岩田書院　2001年）
『霧島山麓の隠れ念仏と修験 ── 念仏信仰の歴史民俗学的研究 ── 』
（日本学術振興会科学研究院補助金）（岩田書院　2008年）
『隠れ念仏と救い ― ノノサンの不思議・霧島山麓の民俗と修験』（鉱脈社 2008年）
「霧島山」など南九州の霊山（西海賢二・時枝務・久野俊彦編『日本の霊山読み解き事典』2014年　柏書房　所収）
「霧島山の山岳信仰」（『霧島山の山岳霊場遺跡資料集』2015年　所収）
『神々のやどる霧島山 ── 霊山霧島における山岳信仰 ── 』　（鉱脈社　2017年）
『島津氏と霧島修験 ― 霊山霧島の山岳信仰・その歴史と民俗 ― 』（鉱脈社　2020年）
『入定する霧島修験 ── 島津氏帰依僧の『日録』に見る近世修験道の変容 ── 』
（鉱脈社　2021年）
『隠れ念仏の母 ― 霧島修験を基層に現代に生きる「かくれ あらわす」民俗信仰の諸相 ― 』
（鉱脈社　2023年）

みやざき文庫 155

高野山信仰と霧島山信仰

薩摩半島域における修験道の受容と展開

2024年６月10日 初版印刷
2024年６月30日 初版発行

編　著　森田 清美

発行者　川口 敦己

発行所　鉱脈社
宮崎市田代町263番地　郵便番号880-8551
電話0985-25-1758

印　刷
製　本　有限会社 鉱脈社

みやざき文庫

著者既刊本